教育部"国培计划"首期中小学名师领航工程
北京市海淀区教师进修学校培养基地研修成果

· 与名师一起进修 ·　· 丛书主编：罗滨

班主任的育人密码

BANZHUREN DE
YUREN MIMA

范　群 /著

北京师范大学出版集团
BEIJING NORMAL UNIVERSITY PUBLISHING GROUP
北京师范大学出版社

图书在版编目(CIP)数据

班主任的育人密码/范群著.—北京:北京师范大学出版社,
2022.9(2024.1重印)

ISBN 978-7-303-27872-5

Ⅰ.①班… Ⅱ.①范… Ⅲ.①班主任工作 Ⅳ.①G451.6

中国版本图书馆 CIP 数据核字(2022)第 083337 号

图书意见反馈:gaozhifk@bnupg.com 010-58805079
营销中心电话:010-58802755 010-58800035
北师大出版社教师教育分社微信公众号:京师教师教育

出版发行:北京师范大学出版社 www.bnup.com
　　　　　北京市西城区新街口外大街 12-3 号
　　　　　邮政编码:100088
印　　刷:三河市兴达印务有限公司
经　　销:全国新华书店
开　　本:710 mm×1000 mm 1/16
印　　张:12.75
字　　数:178 千字
版　　次:2022 年 9 月第 1 版
印　　次:2024 年 1 月第 3 次印刷
定　　价:56.00 元

策划编辑:冯谦益　　　　　责任编辑:肖　寒
美术编辑:焦　丽　　　　　装帧设计:焦　丽
责任校对:郑淑莉　　　　　责任印制:马　洁　赵　龙

丛书编委会

顾问：顾明远

主编：罗　滨

副主编：申军红　韩巍巍

成员（按姓氏拼音排序）：

柏春庆　曹一鸣　李瑾瑜　李　琼　李英杰　林秀艳

莫景祺　邵文武　王尚志　王云峰　王化英　吴欣歆

谢春风　余　新　张铁道　张　鹤　赵杰志

教师要努力成为教育家

《中共中央 国务院关于全面深化新时代教师队伍建设改革的意见》（以下简称《意见》）是中华人民共和国成立以来党中央出台的第一个专门面向教师队伍建设的里程碑式政策文件。这是以习近平同志为核心的党中央高瞻远瞩、审时度势，立足新时代的战略部署作出的重要决策，将教育和教师工作提到了前所未有的政治高度。

为落实《意见》的精神，《教师教育振兴行动计划（2018—2022 年）》提出"实施中小学名师名校长领航工程，培养造就一批具有较大社会影响力、能够在基础教育领域发挥示范引领作用的领军人才"。"国培计划"中小学名师领航工程（以下简称"名师领航工程"）是全国中小学教师培养的最高层次，2018 年开始，对百余名优秀教师进行三年连续性系统化培养，旨在充分发挥名师的示范引领作用，探索教育领军人才培养的有效模式，营造教育家脱颖而出的制度环境，着力建设新时代高素质专业化创新型教师队伍。

那么什么样的教师才能称为教育家呢？我认为，教育家一般要达到以下三条标准：一是长期从事教育工作，爱教育，爱孩子，爱学科，把教育作为自己毕生的事业。二是要有先进教育理念，富有教育智慧和教育艺术，形成自己的教育风格。三是善于学习，不断钻研，敢于创新，善于吸收新事物，逐渐形成自己的理论见解和思想体系。

名师领航工程的学员都是来自全国各地的特级教师和正高级教师，他们多年从事教育工作，教学经验丰富，教学能力突出，很多也有自己的教学特色和风格，是很优秀的专家型教师。但是他们还缺乏理论修养，没有把很多优秀的教学案例和生动的育人故事，以及课堂和学科的教学主张，形成系统化和结构化的理论见解和思想体系。名师领航工程就是学员从优秀走向卓越的生长点，在此项目学习期间要帮助他们梳理总结自己教育经验，把经验上升为理论，逐渐形成自己的教育风格和教育思想体系，并能对其他教师起示范引领作用。

名师领航工程学员撰写的专著，是他们多年教学实践和育人成果的总结和提炼，也是他们教学主张和教育思想的升华。专著的出版，相信会成为本学科领域具有影响力的学术成果，标志着他们在基地的三年研修结出了累累硕果，也标志着他们离教育家越来越近。

北京市海淀区的基础教育在全国处于领先地位，北京市海淀区教师进修学校在教师教育领域做了很多引领性、示范性的工作。作为首批名师领航工程培养基地中唯一的教师研修机构，为培养教育家型卓越教师做了很多的探索和实践，培育名师再成长的理念先进，实践导向的"三年六单元"的研修课程系统，强调学员深度参与、不断输出思考与实践的研修方式有效，成果丰硕。现在北京市海淀区教师进修学校与北京师范大学出版社合作，组织编写和出版"与名师一起进修系列丛书"，是非常有意义的一项工作。

我非常期待，丛书的出版能够很好地支持新时代的教师队伍建设，让越来越多的教师成长为教育家，引领广大教师迈向教育现代化！

中国教育学会名誉会长，北京师范大学资深教授

序 二

XU 'ER

名师再成长：从优秀到卓越

百年大计，教育为本；教育大计，教师为本。《中共中央 国务院关于全面深化新时代教师队伍建设改革的意见》（以下简称《意见》）强调："造就党和人民满意的高素质专业化创新型教师队伍""到2035年，教师综合素质、专业化水平和创新能力大幅提升，培养造就数以百万计的骨干教师、数以十万计的卓越教师、数以万计的教育家型教师"。这是中华人民共和国成立以来，党中央出台的第一个面向教师队伍建设的里程碑式政策文件。

从《意见》的出台，到全国教育大会的召开，习近平总书记发表了关于教师的一系列重要论述，这些都表明国家对教师职业的重视，对新时代高素质教师队伍建设的重视。在这支队伍中，名师是很重要的一个关键群体，他们师德高尚，专业精深，育人成果显著，能带领教师团队在教育改革中攻坚克难，是一个地区的教育领军人才，是教师队伍的领头羊，而促进更多的优秀教师成长为教育家型教师，则关系着我国教师队伍整体质量的提升。

2018年年初，北京市海淀区教师进修学校（以下简称"海淀进校"）承担了教育部"国培计划"中小学名师领航工程（以下简称"名师领航工程")培养基地的任务，来自全国 10 个省市的 11 名特级教师和正高级教师成为基地的首批学员。基地面临着一个极具挑战性的任务，就是如何助力优秀的专家型教师成长为卓越的教育家型教师。

首先，我们明确了教育家型卓越教师的关键特质。

责任与担当——教育当为家国计。教育家时刻牢记为党育人、为国育才使命，他们主动承担起教育改革发展的重任，有着"知其难为而为之"的无畏勇气，敢于承担别人不敢承担的责任与重担，他们有宽视野和高境界，着眼于国家发展、民族未来，在教育改革的大潮中主动作为。

理想与情怀——使命感成就教育家。教育是教育家毕生的理想与追求，他们有崇高的职业使命，高度认同教育的目的，深刻理解教育的本质，精准把握教育的脉搏，研究课程、教学、评价的每一个环节，不断探索有意义的学科教学与学科育人，努力上好每一堂课、教好每一个学生。

创新与坚持——探索和领航的基石。教育家是探索者，更是领航者。他们尊重学生成长规律，在教育实践中不断摸索和创新，面对问题不断寻求新思路，更新知识结构，开阔学术视野，提升自己的教育能力，努力培养德智体美劳全面发展的学生。他们信念坚定，持之以恒，坚守初心，百折不挠，在处理困难和挫折时，表现出非同寻常的坚持，也在不断遇到难题、攻克难题的过程中享受成功带来的快乐。

那么，如何从优秀教师成长为教育家型卓越教师？

在更好地成就学生中再成长。教育家的目标是更好地成就学生，想大问题，做小事情，把崇高的教育理想落实到平凡的教育教学工作中。坚守正确的教育价值观，仰望星空又脚踏实地，逐渐形成独特的教学风格和教育思想，形成标志性的教育教学成果，在教育改革与发展中发挥示范引领作用，才能被称为"教育家"。

在培养基地中实现再成长。良好的环境、志同道合的同伴有利于名师再成长，培养基地就是一个很好的平台。基地可以创建良好的教育生态，提供肥沃的土壤、充足的阳光和丰沛的养分，通过与同伴和导师的共同研究和实践，唤醒和激励他们主动发展和自我成长。在基地，未来教育家们携手前行，形成团队发展态势，也会带动更多的优秀教师逐渐成长为教育家型卓越教师，在教育改革中，领基础教育发展之航，领学科育人之航，领学生和同伴成长之航。

自 2018 年成为名师领航工程培养基地以来，海淀进校的干部和教研员，反复研讨，从培育模式、培育机制、研修课程、培训方式等多方面进行了探索和创新。构建了"基地—大学—中小学"个性化、立体式培养模式，形成"学员—导师共同成长"的新型关系：用高远目标引领，使教师成为有风格、有思想、有智慧，能够引领基础教育改革发展的教育家型卓越教师；用系列课程支持学员成长，"三年六单元、九大模块课程"使名师开阔了教育视野，提升了教育境界，发展了教育创新能力；有实践导师同行，名师和同学科高水平教师一起，聚焦学科核心素养发展，探索学习方式变革，上课、切磋、分享，在深度互动、深刻体验、共同创造中实现新的成长。

海淀进校能够通过申请、答辩和双选等环节成为名师领航工程培养基地，学员能够来到海淀，就是对海淀进校的充分信任。我们绝不能辜负学员。为了给学员提供充分的接触国内知名学者和一线名师的机会，我们给每位学员配备了 5 名导师，有学科专业导师、学科教学导师、教育理论导师、教研导师和一线导师。有理论导师相伴，名师和专家一起，在课题研究和实践中，在一次次微论坛中，将自己的教学主张概念化、结构化，固化教育风格，凝练教育思想。同时基地开展教育援助，发挥辐射作用，从"一枝独秀"到"百花齐放"，学员教师通过名师工作室带领团队解决问题，在成就其他教师中成长。

通过名师领航工程的探索与实践，海淀进校以先进的教育理念、特色的课程供给、高端多元的导师团队、健全的服务机制为特色，构建名师成长的生态系统与示范基地，为全国教师研修机构提供了名师培育的成熟范式。

丛书立足海淀进校基地培养教育家型卓越教师的鲜活经验和理论探索，是学员理解学科本质、探索学科育人的成果凝练。丛书聚焦了当前学科教学和学科育人中的关键问题，书中既有学科教育和学生发展的理论，又有学科教学的方法，还有经过实践检验的教学案例和育人案例，对一线教师来说可学、可做、可模仿、可借鉴，是教师开展学科教学和班主任工作的重要参考。

　　丛书同时展现了名师成长的路径和教学主张、教育思想形成的过程。希望通过丛书的出版，让更多的教师、教研员、学者和教育行政管理者从教育家型卓越教师的成长中得到一些启示。也祝愿更多的老师从优秀走向卓越，成长为教育家型卓越教师！

罗　滨

北京市海淀区教师进修学校校长

序 三

XUSAN

师垂典则，范示群伦

——范群老师的班主任艺术与教书育人之道的浅悟

2018 年 4 月，笔者因北京市海淀区教师进修学校罗滨校长、申军红副校长的抬爱，有幸成为"国培计划"中小学名师领航工程的学科教育导师。然窃喜只是一瞬，忐忑和惶恐随后袭来。原因在于自己的专业学养有限，与上级领导和师友的期待相距甚远，"理论导师"的名头太大，我自觉无力承受；而且我和教育实践导师申军红副校长要面对的"学员"，是师德高尚、专业精湛的浙江省名师，身为党的十九大代表、优秀班主任的嵊泗县初级中学的范群老师。她不仅是特级教师、正高级教师，还是师生和家长心目中的教育偶像。面对这样的学员，我感到十分有压力，自惭形秽！

近年来，我和范群老师有过多次直接的交往、深入的交谈、坦诚的对话。面对中学班级管理、语文教学、家校协同、学生主题活动、师生关系、工学矛盾、教师幸福等琐碎又复杂的问题，以及撰写教育论文、搞课题、写专著等艰巨任务，范群老师以仁爱的情怀、热情而执着的精神、理性而专业的能力、谦卑而博大的人格给予了精彩的回应。她在生生相长的探究中找到了育人的密码，获得了卓越班主任、优秀教师才能拥有的教育成就感和幸福感。

特别是在撰写自己的教育专著《班主任的育人密码》的过程中，范群老师辛苦地往返于北京和浙江之间，探索教育理论和育人实践的结合策略，徘徊于育人个性与教育共性之间，欢喜于诸多问题的逐步化解。我和申军红副校长"烦恼着"范群老师的烦恼，"喜悦着"范群老师的喜悦。"大学之道，在明明德，在亲民，在止于至善。"范群老师以自己的明德照亮了学生，也以自己的明德照亮了我。我虽愚钝，也有不少感悟。

范群老师将自身不断的成长当成她的班主任工作的主旋律，在学习中进步，在探索中育人，在问题解决中不断超越自己。她积极引领班级在建设中成长，朝着共赢的方向前进；注重规则约束，把民主作为关键。她携手家长，在家校共建中成长，做好传统家访，善用微信群这把"双刃剑"。她与雁行小队齐飞，使雁行小队成为青少年人生的青春纪念册。她守望着学生的心灵，帮助学生在同伴交往中成长。她善于打造正能量"小天团"，让学生拥有正直善良的美德。她精心呵护每一个孩子，找到"读心术"密码，追求育人的无痕艺术。在无数默默无闻的辛勤劳动中，她成就了璀璨的教育星光！范群老师是习近平总书记倡导的"四有好教师"的典范，是"四个引路人"的模范践行者。我觉得，生生相长、教学相长，是范群老师的班主任艺术与教书育人之道的灵魂。

在互联网时代，家校关系正在发生深刻变化，学生正变得不同，社会教育氛围日益复杂。在这种教育环境中，教师的师德力量、人格魅力显得更加重要。现在的教育，现在的班主任工作，既是在拼知识和技能，又是在拼人格魅力和师德感染力。这就是习近平总书记把师德建设放在教师队伍建设首位的原因，而范群老师以自己的模范行为给出了出色的实践答案！

师垂典则，范示群伦；学为人师，行为世范。我的母校北京师范大学的校训，就是范群老师的班主任艺术与教书育人之道的精彩写照。

借此感谢北京市海淀区教师进修学校罗滨校长、申军红副校长的抬爱和赐教，感谢、致敬和祝贺范群老师。

很荣幸为本书写序。

谢春风
北京教育科学研究院德育研究中心主任

目 录

MULU

第一章

成长——我的班主任
工作主旋律

第一节　在逃离中回归

我是 1989 年参加工作的，师专毕业后我被分配到海岛最东端的嵊山岛上，1995 年后调回本岛的嵊泗中学，工作 12 年后调入现在的嵊泗县初级中学。在多年的教育生涯中，我一直担任班主任，每天和一群处于青春期的学生打交道，问题层出不穷，我有过抱怨，也有过迷茫，但更多的是充实和快乐。我认为我和学生的相逢就是缘分，我的工作就是为学生的终身幸福奠基，是为了让学生有体验幸福的境界，有创造幸福的能力。

一路走来，难免磕磕碰碰，我甚至想过放弃，是成长路上的三次"逃离"让我反思自己的失误，追寻育人的真谛。在这过程中，我学会了等待、学会了一视同仁、学会了借力，在"逃离"中回归班主任工作的本真，找到了这份工作的幸福感并体会到了巨大的成就感。

一、学会等待，拥有"花苞心态"

第一次"逃离"的人叫小勇。

工作的第六年，我调入了县城的重点中学任教初三，感到肩上的担子很重，压力也很大。班里有一个叫小勇的学生，从小受父母的宠爱，养成了任性蛮横的性格。他学习不认真，还经常惹是生非，刚开学就在全校大会上被学校点名批评。很多老师对小勇失去了信心，也劝我不必在他身上花太多的精力。我却坚信，只要无微不至地关心爱护他，多多地鼓励教育他，他肯定会转变的。

接下来，我把很多的精力都用到了他的身上：每天和他沟通一次，每天放学把他单独留下来辅导功课，给他安排品学兼优的同桌，活动课陪他打羽毛球，在他生日那天特地把蛋糕送到他的家里——凡是可以表达爱意的举措我都做了，有时连我自己也被感动了，觉得小勇肯定会改头换面，朝着我期望的方向发展。可是，没过多久，一个家长就告上门来，说小勇经常在校门口敲诈勒索他的孩子，孩子都不敢来上学了。我知道后十分气愤，但念小勇是初犯，就把他叫到办公室语重心长地教育了一番。怕小勇再犯这样的错误，我连续一周陪他一起放学回家，他也表现出积极悔改的样子，并叫我不必再陪他回家。我为自己的做法能奏效而窃喜。

可是好景不长，小勇独自回家的第三天就故伎重施，还把人家打出了鼻血，这次，我的愤怒达到极点，面对着犯了大错依然"昂首挺胸"的小勇，我的"火山"爆发了，当着全班学生的面，我把难听的话语如机关枪般向他扫射。我说的最后一句话是："有本事，你就别再进这个班级！"小勇冲出了教室，他真的没有再进这个班级。他回家后要求父母给他转学，但是由于他的表现，没有学校愿意接收他。事后我很后悔，也去过他家家访，但他固执地一再拒绝。后来他就整天无所事事地在街上晃荡，经常惹祸。

我后来静下心来想：自己当时为什么会这么急躁、冲动呢？这与我的性格无关，与无知有关，与急功近利有关。是我对教育规律的无知、对孩子成长规律的无知、对青春期孩子特点的无知，令我愚蠢地认为"小恩小惠"就能彻底改变学生，一付出就有回报。慢慢地，我懂得了学生的身心发展是有规律的，并且具有巨大的发展潜能，要学会等待，要多一点宽容。学生不可能没有缺点，"教室就是用来犯错的地方"。粗暴的手段也许能使孩子服从成年人的意志，取得短期的效果，但背后潜藏的负面影响及给孩子造成的心理阴影往往终生难以弥补。破茧成蝶需要时间，需要等待……所以，面对学生，尤其是面对迟开的"花朵"，我们要拥有一种"花苞心态"，要承认差异、允许犯错，使孩子能透过失败看到成功！没有任何教育是建立在轻蔑与敌视之上的，也没有任何教育可以依靠训斥与惩罚来实现。真正的教育只能建立在尊重与信任的基础上，建立在宽容与鼓励的前提下。

后来的日子里，我变得从容、理性：当学生经常上网吧、屡教不改时，我不再恶言相向，而是和他约定每天晚上打一通热线电话，允许他偶有反复，直到他彻底改变；当学生为"情"所困时，我不再状告家长，而是与他长聊，站在学生的角度为他考虑；当学生纪律散漫时，我不再简单地罚站责备，而是制作三色卡予以提醒教育。我发现，用发展的眼光去看待学生、用包容的心态去对待学生、用孩子的心理去揣度学生后，教育就会发生神奇的改变。学会了等待，拥有了"花苞心态"，学生才不会"逃离"。

二、学会一视同仁，培育大爱智慧

如果说小勇的"逃离"缘于我的无知和急功近利，那么小慧的"逃离"则是因为受不了我的宠爱。

小慧是我们班的学习委员，聪明伶俐，长相甜美，德智体美劳全面发展，琴棋书画样样都会，这样的学生怎么能不令我欣赏、喜爱？于是，我把班级的大小事务都交给了她，也把很多的赞美给了她，还推荐她参加了市县的许多活动，这些活动往往名额很少，很多学生可能三年都轮不到一次。我觉得，小慧在这个班级里一定会非常开心，也一定会对我感恩戴德。可是，有一天上午，她居然没有来上课，也不在家里。我和家长最后在海边找到了她，这才知道了她想辍学，想"逃离"这个班级、"逃离"我。

原来，我对小慧的偏爱，使得她在班级里成了孤家寡人。她经常受到同学们的讽刺和挖苦，也失去了许多朋友。昨天放学时，她收到了一封没有署名的来信，指责她抢走了老师全部的爱，是全班的"公敌"。这封匿名信让她知道这个集体和她彻底对立了，这就是她不想来上学的原因。

知道事情的来龙去脉后，我扪心自问：难道是我不关心其他的学生，眼里只有小慧？答案是否定的，我每天忙忙碌碌，操心班级大大小小的事情，关心学生的学习和思想，自认为是一个负责的班主任。只是我的思想中还有陈旧的学生观，潜意识里偏爱成绩优秀的学生，导致爱的阳光播撒得不够均匀，给每个学生的爱不够等同，重视了个别而忽视了整体。对小慧的偏爱不仅没有激励她奋发向上，反而带给她无尽的烦恼，同时也伤害了其他学生，降低了自己在学生心目中的威望，真是得不偿失！看来，爱的智慧博大精深，爱的最根本原则是公平，即一视同仁地对待每个学生。

公平就要求班主任应坚持"一个标准"，在处理班级事务时尤其是在奖惩方面，对学生应一碗水端平，不厚此薄彼，把每一个学生都看作自己的孩子。作为一个班主任，应该运用不同的方法帮助每个学生获得成功。

懂得了公平的重要性后，我在班级管理上处处注重细节，不再让学生有不公正的感觉：排座位时按照高矮，不因家长或学生要求而随意调换座位；班级评优评先都通过学生的民主评议产生；班级活动中，把更多赞赏的目光投向那些后进学生；人人来当值日班长，每次活动先让大家毛遂自荐；家访走进每个学生家中。我的改变让学生们感受到了老师的真诚和公平，渐渐地，他们不再孤立小慧，也不再在背后议论我，班级又恢复了昔日的和谐温馨。

感谢小慧的这次"逃离"，让我懂得爱学生的真谛，懂得公平的力量。

三、学会借力，创新育人艺术

这一次"逃离"的主角是我。

十多年前，我开始厌倦班主任工作，并尝试去找校长沟通。我几次徘徊在校长办公室的门口，最终还是因舍不得这工作而没有进去。确实，我的工作太累，学生的什么事都要管，大到学习、习惯、情感，小到穿着打扮，事无巨细，都要一一过问。高强度的透支使我身心俱疲，也没有时间去学习和思考自己专业成长的方向和途径。但是班主任又不能不当，怎么办？唯一的办法就是改变原来的工作方式，"逃离"原来的管理方式，借助他人的力量齐心协力建设班集体。那么，借谁的力最好呢？

有一种动物给了我启示：章鱼。章鱼又称石居、八爪鱼，有8个感觉灵敏的腕足，每条腕足上有300多个吸盘。想想看，无论谁被它的腕足缠住，都难以脱身。这使人联想到我们的班级：班级里的8个小组就好比是8个感觉灵敏的腕足，小组的学生就好比是吸盘，只要每个"吸盘"都发挥作用，就能形成一个团结向上的强有力的集体。章鱼的力量不是来自头脑，而是来自每个吸盘。同样，优秀班集体的形成主要不是依靠班主任，而是依靠学生。

青春期孩子身心发育迅猛，他们与父母和老师的距离拉大了，而跟同伴之间的吸引力增加了；他们会厌烦师长的教导，而对好伙伴的劝导言听计从。所以，借学生的力是最佳策略，完全可以依靠同伴的力量影响学生，使学生在同伴的影响下共同成长，达到双赢状态。正是在这样的想法下，我探索并实践了生生相长的育人策略。

我别出心裁地搞了"同桌节"活动，融洽"邻居"关系。初一新生刚入校时，由于彼此不熟悉，许多学生向我提了换座位的要求。我没有批评他们，而是搞了个"同桌节"活动，让学生在与同桌互赠礼物、互相赞美中增进了解，融洽感情。

我精心组建"雁行小队"，遏止两极分化。由于功课增多、难度增大，身心发育较快，缺乏必要的心理准备和生活常识，部分初二学生在短时间内放松学习，学习成绩由优秀变为一般、由一般滑为差劣，产生明显的两极分化现象。我借鉴"雁行理论"，组建"雁行小队"，在小队"飞行"过程中相互协助，结对助学，防止学生脱队。

花苞心态，学会等待，这是我追求的理性、包容的心态；有教无类，一视同仁，这是我追求的师爱的真谛；巧妙借力，生生相长，这是我实践的教育智慧。教师要真正成为四个引路人，就必须有这样的心态和智慧。

四、不再逃离，收获教育的幸福

常常有教师问我："范老师，你教两个班的语文，当班主任，还有省级和市级工作室要建设，外出活动又很多，你累不累、烦不烦？"说句真心话，我有点累，但是我一点也不烦。有时我还开玩笑说："你看我的脸色红润有光泽，这是一个快乐的人才有的脸色呀！"我的幸福感来自领导和同事的肯定、来自家长的信任，但是最大的来源还是学生的爱。

每到节假日，学生的祝福就从四面八方发来，我的短信常常来不及回复，还有学生从国外寄来了明信片。学生工作后，不管在哪里遇见我都是分外亲热：当交警的学生看见我在停电瓶车，会主动跑过来帮我停好；当护士的学生见我来输液，会一遍一遍过来看我；当售货员的学生会告诉我超市里哪些东西马上打折，她会替我买好；记得那个叫刘艳的学生给我寄来了鱼片，可我至少教过四个刘艳，至今我还不知道她是哪个刘艳；那个网名叫小麦的学生在贴吧里发帖《阿范我们想你了！》，我也不知道他的真名；那个经常半夜给我发一大段信息、称我为"饭饭"的小涵，总是在她最无助的时候想到我。

在举行同学会时，学生们回忆起许多年前我做的点滴、说过的话语，回忆起那快乐的三年，我才知道原来我已经把最美的记忆镌刻在学生的心中。当年那个最调皮的学生唱起了改编版的《老师，老师，我爱你》，那个连高中也没有考上的去宁波闯荡的小邵偷偷告诉我现在他一年的收入已经过百万……有一个词叫高峰体验，指的是人的心理得到了极大的满足，产生了巨大的成就感。每次和学生相聚，我就会产生这样的体验。我当选十九大代表之后，学生在微信朋友圈里纷纷点赞和祝贺，那些发自肺腑的感谢师恩的话语又一次让我落泪了。

我常想，我只是当了学生三年班主任，教书育人是我的职业，是理所当然的，我并没有期望日后学生的报答。但是他们却这么记挂我、尊敬我，在三年、十年甚至二三十年后依然视我为知己、为亲人、为成长路上的引路人，这是一种多么巨大的恩情啊！感谢我的学生们，是他们的爱让我拥有了源源不断的工作动力，让我的心永远年轻。我的生命因学生而更精彩，学生是我生命中的贵人。

我开始认识到，班主任工作不是牺牲，而是享受；不是重复，而是创造。只要心中有爱、眼中有光、手中有法，找到育人的密码，每个老师都能成为一个优秀的班主任。我决定不再逃离，回归初心，坚定信念，做个"有理想信念、有道德情操、有扎实学识、有仁爱之心"的四有好老师。

第二节 在探索中育人

培养什么人，是我国教育的首要问题。但对于如何培养人、如何落实立德树人根本任务，学校和老师还存在着认识不到位、能力不充分的问题：没有把培养学生的德行作为最重要的目标来落实，甚至还有小部分教师把"人"的培养异化为"分"的培养；在具体策略上缺少有效的举措，方法陈旧，实效性差。能否让班主任找到育人的意义，以满腔的热情投入到工作中来？能否让班主任从烦琐劳累的工作中解放出来，更专注于专业成长？这些是非常值得研究的问题。为此，我努力探索符合教育规律的育人策略，找寻育人的密码。经过长期的实践，结合三十多年班主任工作的经验和理论，我探索了生生相长这一育人策略，并在实践中取得了良好成果。

一、生生相长的内涵

"生"的一个含义是"学生"，"生生相长"就是调动学生身上的一切教育资源，通过学生之间正面的影响和教育来促进学生的成长，以起到榜样引领、伙伴互助的效果。"生"的另一个含义是"生命"，"生生相长"就是通过教师与学生的生命互动、心灵感应来以心育心，彼此成全，使师生能找到生命的价值和幸福。在这个过程中，师生和生生之间以积极的生命状态互相影响、一起建构、共同成长，从而实现生命的圆满。

二、生生相长的可能性

从学生与学生互相影响的角度来说：青春期孩子的身心特点是发育迅猛，心理上产生闭锁和逆反。他们与父母的距离拉大了，而同伴之间的吸引力增加了；他们往往厌烦家长的教导，而对好伙伴的劝导言听计从。所以，完全可以依靠同伴的力量给学生以影响，使学生在同伴的互相影响下共同成长，获得双赢，做到生生相长。

从师生的生命关系的角度来说：当下的师生关系中，教师和学生是生命共同体，他们既是学习共同体，又是情感共同体、成长共同体。这个共同体并不只是学生的学习过程与教师的教授过程的融合，更是教师和学生之间精神和心灵的碰撞以及情感、思想和智慧的交融。教师和学生在交流、理解、信任中体验生命、增长智慧、达成共识，这就是教育的真谛！教育绝不是"零和游戏"。"零和游戏"指的是一项游戏中的双方是"你死我活"的竞争关系，这是一种可怕的游戏，胜利者的荣光背后往往隐藏着失败者的辛酸和苦涩。教育是充满人文情怀和道德的灵魂工程，是爱的阳光普照的领域。教师和学生之间绝不是"零和游戏"中的紧张关系，教师的成功大小与所有学生的成功大小呈正相关。学生越出色，教师就越出色，学校也就越自豪。师生可以彼此成全，找到生命的价值和幸福。

三、生生相长的策略

(一)从育人的载体上

以"雁行小队"为基本组织。在校内发挥教师引领、同伴互助的作用，通过学校和班级活动锻炼学生的合作能力，培养学生的核心素养；在校外发挥家长指导、同伴互促的作用，通过定期开展的小队活动丰富学生的生命体验，提高他们的关键能力，形成家校社协同育人的新样态。

(二)从育人的方式上

以促进学生的体验感悟为主要手段，"纸上得来终觉浅，绝知此事要躬行"。通过创设多种体验的情境，摒弃管束要求和说教灌输，让学生在活动中成长、在快乐中分享、在感动中感悟，激发师生和生生之间的生命互动，丰富生命体验，获得宝贵的经验和感情。

(三)从育人的路径上

以促进生命间的积极影响为路径。习近平总书记指出，教师要做四个引路人：做学生锤炼品格的引路人，做学生学习知识的引路人，做学生创新思维的引路人，做学生奉献祖国的引路人。这要求教师学高为师，身正为范，为学生做好榜样。这就是一种积极的生命影响。同样，教学相长，学生在成长过程中的故事、教训也会对教师的育人观念产生影响，教师会欢喜着学生的欢喜、悲伤着学生的悲伤，这就是师生命运共同体的关联本质。从学生角度说，榜样的力量是无穷的。青春期孩子渴望同伴、喜欢集体行动、愿意追随同龄人中的佼佼者，那就可以对学生中的榜样作用充分挖掘，通过校内和校外的各种活动让他们互相取长补短、长善救失。

四、生生相长的育人特点

(一)育人的主体与客体之间转换更加自由

教育的主体与客体是相对的，主体一般指教育者，即教育实践活动的组织者和实施者，而客体主要指受教育者。在传统的教育观念中，教师是主体，学生是客体，师道尊严不容怀疑，学生只能乖乖地听从教师的教导。但是，教育中主客体的关系在一定条件下可以相互转化。在生生相长的育人背景下，主体和客体之间的界限被打破。一方面，每个学生既是教育的主体，又是教育的客体，相互平等、相互影响；另一方面，在信息化时代，学生获取信息的能力越来越强、思想越来越具有创新精神，学生可以成为教育的主体，而教师则成为受指导和影响的教育的客体。

(二)育人的途径更加多样化

生生相长就是要促进师生和生生之间的互动影响，势必需要通过开展多种活动、搭建多种平台、建设各种德育课程等方式让师生和生生聚合。目前，在学生的成长中能够起到积极作用的主要是学校和班级开展的活动。学校的主题活动一般由德育处策划，班主任可以抓住学校大型活动中蕴含的德育要素对学生展开核心素养的培养。但是班级的自主性比较缺乏，不利于灵活开展活动。而生生相长的育人策略更多在班级层面展开，自主性更好、灵活性更强，更容易创新；地点可以在校内，也可以在校外；可以是师生之间的，也可以是生生之间的，或者有家长参与，协同育人的。

(三)育人的过程充满"三味"

鲁迅先生儿时就读的三味书屋中的"三味"是指"读经味如稻粱，读史味如肴馔，读诸子百家味如醯醢"，表达了读书的美好感受和启发。如果我们育人的方向和策略是正确的，教育者也能够享受到这样的滋味。因为教育是神圣而美丽的事业，不应该充满功利和紧张的气氛。在生生相长的过程中，教育更有人情味、教室更有书香味、师生的生命更有阳光味。作为生命共同体，人与人之间充满善意和温暖，教师、家长、学校、社会均从学生健康中获益，享受着生命共同成长的喜悦。

(四)育人的效果更加突出

生生相长的育人策略的最终目的并不是指向考试成绩的提高，而是要让学生在被充分尊重和平等的教育环境中健康成长。在共同的学习和活动中，小队成员互帮互助、取长补短、加深友情，班级同学之间的关系更加和谐，班级成为生活的花园、学习的乐园、精神的家园。学生在德智体美劳多方面得到发展，让他们具有丰富的核心素养、具有走向未来的关键能力，也让他们在中学时代收获友谊和快乐、收获温暖和信心。

教师的发展则在于专业水平提升、育人本领得到提高，能够获得家长和学生的信任，培育桃李芬芳，让工作充满成就感，真正体会到"教师是太阳底下最光辉的职业"这句话的内涵。

第二章

引领——在班级
建设中成长

第一节 目标在前，朝着共赢的方向

班级目标是班集体努力的方向、前进的动力和共同的愿景，有了共同的目标，学生们便有了前进的路线，如果没有，班级这艘大船就如同在茫茫的大海上航行，失去了方向。没有完美的个人，只有完美的团队！班级目标必须是积极的、健康的、向上的、催人奋进的、切合实际的。

根据班级学生的特点及发展需要，班主任应该与学生共同商讨确定班集体的近期目标和长远目标，注重引导学生一步步从小目标开始逐步实现大目标。当然，能够共同商讨的前提是师生关系民主，学生间团结友爱，师生经常针对学习或生活中的一些现象进行讨论，具有正确的舆论导向和稳定的集体风貌。

生生相长背景下的班集体制订目标，有两个突出特点：一是更加重视学生的参与，民主协商的氛围更加浓厚，目标由学生们一起制订，互相监督，互相激励，共同实现；二是目标的层次性更强，除了一般意义上的集体目标和个人目标之外，还要设立小队的目标，生生相长实施的主要途径之一是"雁行小队"建设，因此每个小队必须制订各自的目标。

一、班级目标清晰有进阶

那么目标如何制订呢？班级目标的制订要做到以下四点：一是减少模糊性的设定，让目标清晰可对照。尽量采用量化和数字化的表达，以便进行阶段性对照。二是循序渐进，由低到高，按照初一到初三年级，可以设定近期、中期、远期的目标，还可以把每个学期再分为几个阶段，以"周"或者"月"为单位，分阶段落实目标，评价目标的完成情况。三是根据学情和班情把握好尺度，制订合理的目标，让学生能够"跳一跳摘到果子"，切忌好高骛远。四是争取学生对目标制订的参与。制订目标要经班委会讨论，并广泛征求学生意见，引导学生分析班级的优势和存在的问题、寻找与兄弟班级的差异，启发引导学生讨论班集体的总目标。这样既能提高学生对目标的理解水平，增强学生实现目标的信心，又能调动学生的积极性，使学生以主人翁姿态为实现目标而奋斗。

目标设定的内容应该从德智体美劳五个方面进行。比如，我的雁行班制订近期目标时，我充分考虑到班级的学情是学业成绩一般、尖子比较少，但是有特长的学生比较多，目标制订的思路就成了充分发挥学生的特长，搭建展现他们的才华的舞台，让他们获得自信，从而在学习方面激发兴趣和信心。如果班集体建设工作做好了，班级的整体水平提高了，就会出现水涨船高的好形势。于是我制定了如下的初一目标：

品德行为方面：班级行为规范总分在全校排名前三，每个学生个人的行为分在 90 分以上，班集体献爱心的活动一学期不少于五次。

学习方面：班级总分平均分能比入学时有进步，优秀率和全科合格率在年级里提高一名。

体育方面：体育成绩达标率 95%，运动会获得前三名，越野长跑赛争取前两名。近视率得到有效控制，不上升。

艺术方面：人人参与学校的科技艺术节，作品获得校级奖项居年级前两名，争取五人获县级的科技艺术奖。

劳动实践方面：人人参与社会实践活动，并撰写实践报告，至少三篇报告在学校得奖；学生一学期卫生扣分不超过五分，家长对孩子做家务的满意度达 80%。

这样的班级目标设定既依据了班级的实际情况，又抓住了学生的"最近发展区"，同时以量化的形式呈现，直观生动，可以让师生经常对照，持续发力。

二、小队目标突出特色和协调

雁行理论指出，当一群大雁向同一个方向飞行时，就能提高整体的飞行速度。同样道理，当每个小队都为班级目标而努力时，就能推进班级目标的实现。

三、各个小队也根据自身的情况，制定了相应的小队目标

小队目标要突出特色、强调协调。如"梦之翼队"的六个学生多才多

艺，他们的目标是"小队在期末考试中总体成绩比入学时进步，小队规范分居班级第二，参加征文或艺术节的作品得奖三人次，运动会上二人次以上有名次"。再如"龙啸九天队"的队长的父亲是志愿者服务队的负责人，受其影响，他们的目标除了在学习、体育等方面有突破，还提出了"成立年级第一个爱心团队，每学期参加志愿者活动不少于十次"。这些小队目标使得学生能够先着眼于小队，再一步一个脚印争取实现班级大目标。

小队目标和班级目标一样，需要显性呈现，让学生入眼、入脑、入心，经常对照，发现差距，加快实现目标的脚步。

四、个人目标突出反思性和仪式感

个人目标是完成小队目标和班级目标的基础。制订个人目标时，要引导学生观照自我、反思自我，通过制订目标更好地审视自我。可以借鉴企业的 SWOT 分析法制订目标：Strength(优势)——清晰地知道自己的优势是什么，包括学科特长、兴趣爱好特长、家庭教育特长等；Weakness(弱势)——分析自己的短处、弱点，包括知识的短板、学习的态度和兴趣、性格的弱点、经验的缺乏等；Opportunity(机会)——分析对自己有利的因素，包括师长的关心、同伴的互助等；Threat(威胁)——明白学习环境中存在的不利因素和自我的惰性等。

个人目标的制订也应该从德智体美劳五个方面展开。相对而言，"智""体""美"的目标制订可以量化，而"德""劳"的目标制订就会比较模糊，难度比较大。"德"的目标制订一方面可以和行为规范分结合，另一方面可以和期末的各项优秀评选结合。引导学生把健康的身心、正直的品质、勤奋的习惯、创新的精神作为最大的德行追求。"劳"的目标制订一方面可以和班级值日工作的成效结合，另一方面可以和志愿者学雷锋、做家务劳动结合，如做到值日不扣分、每月做一次志愿者、每周做不少于一小时的家务等，尽量做到目标清晰可检视。

目标的呈现要有仪式感，让学生懂得目标的制订并不是为了完成老师布置的任务。白纸黑字代表的是一种承诺，是为自己的成长描绘的一张蓝图。在实际操作中，我会让学生自己设计目标卡，要求目标卡不仅要内容充实、可评估，还要形式优美、有设计感，并在班级里加以展出，让学生感受到目标的神圣和严肃。还可以采用"写给自己的一封信"的形式，在信中和自己对话，对自己提出要求和希望。目标卡和书信要妥善保管，在期初、期中、期末三个重要的阶段让学生进行对照。一旦个别学生出现松懈散漫的表现，班主任在找学生谈话时可以出示目标卡，让学生及时反思、及时改正。

五、目标的监管和跟进要及时

班级目标具有激励和导向的作用，其制订完毕后并不是张贴于墙上，成为墙面文化的一部分，而是要经常对照目标及时制定跟进的措施，看看班级发展现状和目标的差距在哪里，及时找出阻碍目标达成的因素，重点进行指导和突破。

比如，上学期期中阶段，我们班的德育目标并没有达到，行为规范仅排在全校的第五名。我让班干部找出主要的扣分原因，原来是有个别同学在食堂就餐时有插队的现象，被值周生多次发现并扣分。于是，我以这一问题为议题，在班级中进行文明礼仪、遵守规则的主题教育活动。大家纷纷发言，对插队现象的原因、本质、危害等进行深入的分析和讨论，对那几个插队的同学进行了很好的教育，让他们反思自己的行为。后半学期，这种不良行为就极少在我班同学中发生，行为规范前三名的目标也就顺利达成了。

再比如，在学习目标的完成上，期中考试成绩出来后，班级总分平均分并没有达到预期目标，主要是英语成绩不理想，这是由于四个男生退步明显，原因是他们对英语老师产生了敌对情绪，于是就不背单词、不做作业，考试的时候消极应付。我了解到了这四个男生对英语老师产生敌对情绪的原因：他们周末带手机到教室里玩游戏，英语老师发现后批评了他们一顿，还告知了家长。从此他们就对英语老师产生了怨恨，也不想学习英语了。于是，我就先和英语老师沟通，希望英语老师和孩子们真诚地解释沟通，毕竟解铃还须系铃人。经过师生真诚沟通，孩子们的心结终于打开了，重新点燃了学习英语的热情，期末考试英语成绩也上升了，这样就顺利地完成了班级总分平均分前两名的目标。

对小队目标同样要进行监控。当"火箭队"经过一段时间的学习，各方面依然表现平平，距离目标还差一大截的时候，我就及时找小队成员谈心，指导他们发现问题、找出短板、迎头赶上；当"超级蜗牛队"在期中小结中获得了全面的发展，学习和体育艺术方面的成绩都独占鳌头时，我就提醒他们谦虚谨慎、戒骄戒躁，鼓励他们制订更高的目标。

六、目标的评价和反馈落实

目标的制订、落实、监管、评价应该是一个闭环，在一个阶段结束后，应该进行总结反馈。班级、小队、个人如果实现了全部或者部分的预定目标，班主任应该给予奖励，并总结成功的经验；反之则需要引导学生分析存在的问题，提出下一步改进的措施，为下一阶段的目标制订提供依据。

当然，目标的制订也可以和"守诺"教育结合起来，让学生养成"言必信，行必果"的品质。比如，上学期期末阶段，学生制定了考试的目标，提出了要挑战的对手，并制定了奖惩的办法。目标卡的格式是："在这次期末考试中，我要向＿＿＿＿提出挑战，我的目标总分分数是＿＿＿＿，我相信通过我的努力，我可以超越自我，挑战成功。如果我赢了，我将以＿＿＿＿＿＿的方式庆祝胜利。如果我输了，我将以＿＿＿＿＿＿＿的方式自我惩罚。我的挑战宣言是＿＿＿＿＿＿。"在制订目标之前，我和学生讨论了适宜的奖惩办法，不会造成奖励不当、惩罚伤害身心的结果。期末考试结束后，我在家访中告知学生挑战结果，落实奖惩工作，让学生懂得要对自己的承诺负责的道理。

所以，生生相长背景下的目标制订、实施、调整、评价要始终基于学生，监督过程，时刻激励，充分调动学生的参与热情。可以说，个人目标、小队目标、班级目标并无大小之分，只要目标是清晰的，三者之间就能互相贯穿、互相促进。这样，学生们的凝聚力和向心力变强，心往一处想、劲往一处使，每名学生都因自己为班集体做出了贡献而感到光荣和自豪，每个人都朝着目标奋力成长，走向共赢。

第二节　规则约束，民主自治是关键

无规矩不成方圆，班级制度是班集体建设顺利开展的基本保障，它能在规范学生行为、帮助学生养成良好的习惯等方面发挥重要的作用。同时，班级管理由人的管理向制度的管理转变，能更加规范和高效，也能让学生受到民主教育的启蒙。

有些班主任认为，班规的制定毫无必要：既然教育部已经制定了《中小学生守则》，各省教育厅又对守则要求进行了细化规范，制定了"学生一日行为规范"，学校有一些相应的校纪校规，全面规范了学生的日常行为，班级还有必要制定班规吗？当然很有必要。一方面，教育部门制定的守则和规范是从大处着眼，是对学生的底线要求，是"规则"而不是制度，班级制度不仅规范学生的行为，而且有相应的奖惩配套；另一方面，教育措施和手段具有适切性，每个班级都有自己的特色和需求，所以要针对本班的实际制定班级制度。

那么需要制定哪些方面的班规呢？班规既要有班级自己的特色，又不能和学校的规章制度重复，要注重实用性和可操作性。因此，我们可以从队伍管理、日常行为、学习、纪律、活动等方面来制定班规，如班干部考核制度、班费使用制度、行为规范奖惩制度等。在文本的呈现上，班规的条目不必过于繁杂，内容不要太多，做到清晰化、条目化就可以。最好能以表格的形式呈现，重点突出，便于执行。

一、班规制定要体现三个理念

班规制定和实施是为了促进学生之间正面的、积极的影响，让学生更好地发展。所以，班规制定一定要体现三个理念：

第一，要确保学生更大层面的自由。班级制度具有正面激励和反面警示作用，以奖励和惩罚为措施，让学生意识到什么该做、什么不该做，最终的作用在于规范行为而不惩戒。如果只有惩戒，制度就会令学生毫无好感。所以，在班规制定上一定要奖惩并用，以奖励为主，让学生懂得遵守班级制度就会受益无穷，获得最大限度的自由。当然，惩罚的条款是为了矫正学生的不良行为，并指导学生自己纠正不良行为。

第二，要发扬民主，自下而上。俗话说"自己制定之法大于他人之法"，从道德层面上说，人们对外加的约束总是带着抵触的情绪，需要在经历过、受益过之后才会逐渐对各种要求产生认同。面对自下而上的由自己和同伴共同制定的班级制度，学生会有一种认同感和敬畏感，也会多一份契约精神。

第三，班级制度不能朝令夕改，应该在稳步推进中进行微调。一项制度出台后，在实施过程中一定会遇到一些小问题，要运行一段时间才能看出它的优劣。如果朝令夕改，学生的行动没有了固定的标尺、思想没有了准确的方向，就会无所适从，班级的管理容易陷入混乱之中，班级会逐渐失去向心力和凝聚力，班主任的威信也会受到影响。因此，班级制度需要在运行中不断修改、不断完善，不可即令即止。

二、班规落实的四步走

班级制度文化的建设，为学生提供了评定品格行为的内在尺度。因此，在实施班级制度的过程中，除了注意公平公正的原则之外，更重要的是要建立和健全激励机制，以树立榜样，帮助后进生纠正不良习气。

(一)学习内化制度

结合学生的建议，我和班干部一起制定了若干班规。首先，要让学生进行学习。我会采用案例的形式为学生解读班规，以形象、直观的方式介绍班规对学生的保护作用，也可以让学生采用现身说法的形式互相教育。其次，对制度要进行书面或者口头的检测，或者以知识竞赛的方式开展学习，督促学生牢记制度、内化于心。

(二)值日班长和课代表及时记录和反馈

为充分发挥学生的自主管理能力，班级要设立值日班长，由值日班长对每天发生的违反班级制度的现象进行记录，对好人好事以及为班级做出贡献的人和事也及时进行记录。除了值日班长的日常检查管理，课代表也要给值日班长提供第一手的资料，使其能够全面掌握班级的情况。

(三)每日晨会课或暮课的小结

值日班长的每日反馈是对学生一天表现的总结，每天利用早上十分钟的晨会课或者放学前十分钟的暮课，由值日班长对一天的情况进行反馈。并留出时间，让被记录在"班级日志"中的学生有申辩或陈述的机会，以说清事实、表达想法。让奖惩清晰明了，让学生心服口服。

(四)通过各种渠道进行惩错扬善

对遵守制度的同学要定期总结，每周或每月一次小结，给予一定的表扬和奖励。表扬的平台要多元，如可以在班级微信群、黑板报等平台进行表扬，还可以通过发喜报、送点赞卡等形式鼓励学生。对破坏制度的同学则要及时批评教育，甚至进行适度的惩戒。当然，奖励和惩戒之间可以灵活转化。例如，有的学生做事责任心较弱，对班级卫生工作马虎应付，甚至逃避值日，班主任会通过批评或惩罚来教育他，但是效果往往很不理想。这时，我们不妨采用激励措施，奖励那些负责任的同学，这样能起到既奖励先进又带动后进的双重教育效果。

三、人人参与班规的监督

要让学生对班规有敬畏之心，就要让学生参与到监督中来。班主任可以把不同方面的惩戒权分派给不同的学生，做到人人参与监督评价，让同学们在相互监督、提醒、勉励中成长。这样做一方面能让学生感到他们是班级真正的主人，在一定程度上做到"事事有人管、人人有事管、人人有人管、人人能管人"，管理与被管理相结合，大大激发了学生的主人翁意识和责任意识；另一方面也可以把班主任从烦琐的事务性工作中解放出来，使其能够有精力去思考班级的发展策略、追求自己的专业成长。

比如，班长负责发放被老师表扬的同学的加分卡，副班长负责发放"班级点赞墙"中被表扬的同学的加分卡，纪律委员负责迟到的同学的劝告单，小组长负责课堂表现的记录，课代表负责发放未完成作业的同学的扣分单等。分工明确、人人参与、长期坚持，班级制度就能逐渐由"他律"发展为"自律"。

除了监督同伴，学生还要起到监督老师的作用。维护班级制度，班主任要率先垂范、以身作则。要求学生不迟到，班主任首先不能迟到；要求学生上课不能玩手机，班主任也要保证上课时间手机不发出声音。有时候，我们无意中就把自己制定的规章制度打破了，老师和学生一样要受到班规的处罚。我曾经和学生约定，如果老师上课时手机响起来，愿意接受同学们的三种惩罚：一是写一封道歉信给学生，分析错误发生的原因，以及提出今后的改正措施。二是唱一首歌，歌曲由学生来点。三是捐一百元钱作为班会费。班主任能带头遵守班级制度，学生也会自觉地接受惩罚。这样，班主任再去教育管理、适当惩戒学生就会顺畅许多，班规就能在班级里很好地实施。

总之，班级制度看似是限制学生行动的条条框框，实际上是学生的行为规范。学生在班级制度的保护下能够获得自由和发展。

案例一："雁行班"班干部考核制度

为了更好地加强对班干部的规范化管理，充分调动学生干部的积极性和示范带动作用，特制定本管理考核制度。考核对象为全体班干部，考核时间在每学期期末。

一、考核内容

围绕"以身作则""勤勉工作""方法得当""工作实绩"四个方面展开，按照30分、30分、20分、20分的分数计算。

二、考核评分办法

将四个单项得分相加，取考核组的平均分得出该干部的最后考核分，再确定考核等次：80分以上为"优秀"，70分到79分为"良好"，60分到69分为"合格"，60分以下为"不合格"。

三、奖惩措施

1. 被考核为"优秀"的干部，其学期品德等第往上晋升一级，优先推荐县级和校级各类先进，下学期可以继续留任。

2. 被考核为"不合格"的干部，将被诫勉谈话一次，并根据情况做出换岗试用的处理。换岗试用后仍无明显改观的，不再担任班干部。

"雁行班"班干部考核表

姓名：_____   担任职务：_____

指标	考核内容	分值	自评	组评	班主任评价	备注
以身作则（30分）	爱祖国，遵守法律法规，遵守校规校纪，遵守社会公德	5				
	努力学习，勤思好问，乐于探究，积极参加社会实践和有益的活动	5				
	自尊自爱，自信自强，生活习惯文明健康	5				
	孝敬父母，尊敬师长，礼貌待人。热爱集体，团结同学，互相帮助，关心他人	5				
	诚实守信，言行一致，知错就改，有责任心	5				
	积极参加劳动，勤俭朴素，自己能做的事自己做	5				
勤勉工作（30分）	工作热情高，主动性强，敢于负责，具有较强的服务意识	5				
	工作中任劳任怨，不拣轻怕重，不推诿责任，团结互助	5				
	一个学期至少主持一节班队课，班队课比较精彩	5				
	严格管理，敢于指出不文明现象	5				
	班级值班没有无故缺席、迟到现象	5				
	干部例会没有无故缺席、迟到现象	5				

续表

指标	考核内容	分值	自评	组评	班主任评价	备注
方法得当 （20分）	能主动和同学们谈心谈话	5				
	能指导同学们具体的做法	5				
	能及时向老师们反映诉求	5				
	能和学生会等部门做好协调工作	5				
工作实绩 （20分）	负责的工作在年级部获得认可	5				
	负责的比赛项目在学校获奖	5				
	带动小队一起进步	5				
	按时完成老师布置的工作任务	5				
合计		100				

第三节　环境育人，小妙招增添功效

我们知道，每个人的生存与发展都会受到客观环境的影响。苏霍姆林斯基说："依我们看，用环境、用学生自己创造的周围情景、用丰富集体精神生活的一切东西进行教育，这是教育过程中最微妙的领域之一。"因此，班主任要发挥学生的积极性和创造性，让教室里的每一面墙壁、每一个角落、每一扇门窗都具有教育功能。生生相长的育人策略要顺利实施，就要先为学生营造一个温馨、安全的学习和生活环境，让学生有强烈的归属感和自豪感。

一、创设优美励志的显性环境

"昔孟母，择邻处"，体现了孟母对环境育人的认识。墨子以"染于苍则苍，染于黄则黄，所入者变，其色亦变"来比喻环境对人的潜移默化的作用。荀子则说："蓬生麻中，不扶而直；白沙在涅，与之俱黑。"这些古语都表明了环境条件对育人具有重要作用。苏霍姆林斯基崇尚"物化"教育，反对空洞说教。巴甫雷什中学的环境深刻地反映了"让学校的每一面墙壁都会说话"的育人思想和理想的环境追求，也就是重在创设一种与教育目标相适应的育人环境，满足学生身心发展需要，促进学生健康成长。

显性环境的打造应该体现"主题集中、内容丰富、色彩协调"。中学生对班级显性环境的要求不同于小学生，他们不再喜欢色彩缤纷的图案，更愿意接受新颖时尚、符合他们心理特点的环境文化，也希望和自己有关的内容能作为班级文化的内容之一。因此，每一面"会说话的墙壁"上张贴的内容都应该来自学生，从学生中征集、筛选，如班名、班训、班徽、班级公约、班级合影等，尽量呈现以下三个亮点：

亮点一：班名、班训、班歌等内容高度统一。班名是一个班级有别于其他班级的文化标志，是最重要的班级文化符号，体现班级愿景和精神内核。围绕班名，班训应该富有启发和励志的意义，班歌则应该明快激扬，在歌词中蕴含班训的意思。比如，经过广泛征集，2013届的班名定为"雁行班"，班训是"一个人走得快，一群人才能走得远"。我们的班级愿景是打造"鹰一般的个人，雁一样的团队"。墙上贴的四条励志标语分别是"向一个方向飞翔，坚定目标，百折不挠""互相鼓励，才能激发高绩效表现""记得回头看看身后需要帮助的同伴，他需要你""轮流担当头雁，共同承担使命"。我们的班歌是《飞得更高》。2019届征求同学们意见的时候，大家选中了"繁星班"这个班名，喜欢这个名字是因为每个学生都希望自己能够成为一颗闪亮的星星。根据这个班名，我们设定的班级愿景为"人人努力发光，个个争取出彩"，班训为"自信自强，乐学乐助"，班歌为《我最闪亮》。高度统一的班级文化标志让学生们对班级文化的认同感进一步加强，大家以能够成为"雁行班"或"繁星班"的一员而骄傲，懂得自己的言行已经带上浓浓的班级印记。

亮点二：设置"伙伴照片墙"，照片中有美丽的回忆和甜甜的笑容，能够营造温馨友爱的气氛，让学生们感受到浓浓的家的氛围以及兄弟姐妹般的情谊。我把班级在历次活动中的照片和"雁行小队"的活动照片用精美的相框装好，展示在教室的墙上。照片墙分成两个区域：一个区域以集体活动为主，主题为"扬帆远航"，配上帆船、舵、渔网等富有海洋特色的饰品，以白色和蓝色为相框的主基调，很清新亮眼；另一个区域以展示个体照片为主，主题为"家的梦想"，配上房子、树木、飞鸟等造型的装饰品，以绿色为相框的主基调，充满了蓬勃的朝气。每个学生都可以在照片墙上找到自己、看到自己灿烂的笑容，走进教室就如同走进自己的家。

亮点三：设立了"爱我就赞我"的点赞墙。无论是批评还是表扬，在集体中实施，能起到既教育当事人又影响集体中的每一个成员的作用。当学生做了好事或者表现良好时，就需要在集体中加以肯定和表扬。要设法使老师的表扬转化为集体的掌声，鼓励的效应就会成倍地放大。我专门在教室设置了一面点赞墙，让学生随时发现身边的同学的点滴善事和良好表现并写在便利贴上，热情洋溢地赞美那些为班级默默付出的同学，让同学们收获真挚的肯定。

三个亮点各有作用：亮点一是环境育人的核心，亮点二为环境育人增加温度，亮点三提高了环境育人的力度和效度。这些显性环境的打造为生生相长的育人机制奠定了环境基础。

二、营造和谐温馨的隐性环境

我们都知道，虽然集体的环境看不见、摸不着，但学生的成长很大程度上受到所处的环境的影响。改变一个人很难，但是我们可以改变一个人所处的环境，而环境中最重要的就是人。高明的班主任要善于经营集体、善于借力，对于班级来说，就是要想方设法创建有利于激起青少年励志团结、积极向上的优良环境。所以，在创设隐性环境时，最根本的一条就是要符合中学生的心理需求和个性特点。

隐性环境教育是一种无意识教育，因其孕育着一种和谐、安全的氛围，有着持久性、渗透性的特点，易于使人们在不知不觉中接受，润物细无声，育人于无痕。隐性环境的创设是把教育的意向、目的渗透到相关的文化教育环境之中，使受教育者感到自然、愉快、轻松，不伴随任何一种外来的精神压力。也可以说，当教育者能够使受教育者感觉不到自己是在受教育的时候，教育就是最成功的。

(一)亦师亦友，构建师生新关系

习近平总书记希望教师们在教书育人过程中做到四个相统一：教书和育人相统一、言传和身教相统一、潜心问道和关注社会相统一、学术自由和学术规范相统一；做好四个引路人：学生锤炼品格的引路人，学生学习知识的引路人，学生创新思维的引路人，学生奉献祖国的引路人。

基于这样的认识，我们应该意识到自己肩上责任的重大，更好地承担起引路人的责任——不是高高在上的命令，不是自以为是的训诫，而是和学生走在一起，充满爱心和耐心，手挽手，肩并肩，欢喜着学生的欢喜，悲伤着学生的悲伤，和学生成为"命运共同体"，用实际行动增进师生间的感情，营造和谐的学习环境。

和谐的师生关系的营造体现在很多细节里。比如，我有很多称号——"范妈妈""范特""阿范"，我最喜欢学生叫我"阿范"。在我的家乡，在姓的前面加上一个"阿"字，表示亲密无间。这个称号一直鼓励着我：要努力赢得学生的信任和喜爱，要让学生把我当成他们的同龄人和好伙伴。有这样的师生关系，才会"亲其师，信其道"。

我会在办公桌上给学生准备一些糖果和饼干，告诉他们，凡是来不及吃早饭或者肚子饿的同学可以随时来拿。对每一个因犯了错误来我办公室的孩子，我都会请他坐下，递给他一颗糖——小小一颗糖代表着老师对学生的尊重，体现了平等和谐的师生关系，这才是孩子最珍视的。

我对学生说得最多的话是"谢谢"。当学生把黑板擦干净时，当学生捧来厚厚的一摞作业本时，当学生说出了一番很有深意和思想性的话语时，当领操员整理好队伍时，当文娱委员找来班会课的素材时，我始终会把真挚的感谢送给学生。学生从一开始的不好意思到后来的欣然接受再到现在的开心回应，师生之间彼此尊重、相互体谅和鼓励的氛围就在这句简单的"谢谢"中形成了。

(二)营造家的氛围，给重要的日子"加点糖"

人际关系是以人的情感与心理的沟通为基础的，所以班集体建设说到底是对人心的引导。在一个班集体里，种种原因，其成员在学习、生活和活动中难免产生种种矛盾和冲突，人际关系难免出现种种不协调和不和谐的情况。一旦出现这种情况，就无法形成生生相长的局面。班集体建设的一项重要内容，就是及时发现和研究同学之间在思想上的矛盾、在认识上的分歧、在心理上的隔阂并尽快地加以调整，力求统一思想、消除分歧和隔阂，最终形成一种相互了解、相互信任、相互尊重、相互关心的人际关系和集体氛围。

为了广开交往渠道、促进人际交流，我开展了许多结合性活动。如温馨朴素的生日庆祝活动中，为了让同学之间更有亲近感，我按照时间的先后把每个学生的生日排列好，张贴在墙上。学生们惊奇地发现，原来班级里有同学和自己的生日是同一天；有的同学发现小乐是班级里最小的同学，一下子理解了小乐调皮的原因；几个最年长的同学一下子意识到自己是班级里的大哥哥大姐姐，在很多时候都更加懂事勤勉，体谅老师、关心同学。

生日对学生来说是重要的日子，这个日子需要"加点糖"，我会专门指定一个同学担任生日司仪。在小寿星过生日的当天，我会制作好小寿星的照片，配上好听的音乐，在全班同学面前展示。我还会送给小寿星定制的生日礼物，如配上了小寿星的照片的杯子、学生喜爱的动漫人物手办，或者有意思的书籍。最能增进同学间友情的环节是全班同学齐唱生日歌，大家一起把美好的祝福送给小寿星。生日会结束后，小寿星要为班级或同学们做两件好事。我经常看到，小寿星刚下课就忙开了，有的拿起抹布给大家擦桌子，有的教同学做作业，还有的为班级整理书柜等，以此来回报同学和老师的真情。

教师在班级隐性环境的建设上需要投入大量的时间，要真正懂得学生的心理需求，尊重人、关心人、爱护人，并教会学生关心他人，心中有他人、有集体。

妙招虽然小，但小中有智慧、有大爱。要从小处着手，润物细无声，充分发挥环境的育人作用。

第四节　满足需求，让活动富有真趣

班级活动是指由班级成员参加的集体教育活动，目的是培养学生积极向上的生活情趣和健康文明的生活方式、促进学生健康成长，它有广义和狭义之分。广义的班级活动是指在教育者的组织和领导下，为实现培养目标、完成教育计划而举行的一切教育活动；狭义的班级活动是指在班主任的组织和领导下，为实现班级教育目标而举行的各种主题教育活动，主要包括主题班会活动和综合实践活动。下面所谈的班级活动特指狭义的班级活动。

班级举行各类活动有四大功能：一是可以提高班主任的工作实效，通过活动的形式针对零散问题进行集中教育；二是可以增强学生的规则意识，培养他们的团结合作能力，使他们在活动中展现自我，发展和完善心理品质；三是可以挖掘学生的潜能，愉悦学生的身心；四是有利于凝聚人心，更好地建设优秀班集体。可以说，班级活动最能体现陶行知的"六大解放"："解放儿童的头脑，使之能想；解放儿童的双手，使之能干；解放儿童的眼睛，使之能看；解放儿童的嘴，使之能谈；解放儿童的空间，使之能接触大自然和大社会；解放儿童的时间，不逼迫他们赶考。"

"真趣"一词，可以理解为在真实活动中获得意趣和妙趣。班级活动想有真趣，要避免以下四个误区：一是周而复始，千篇一律。表现在活动方式简单重复，缺乏新意。二是流于形式，内容单薄。表现在为了迎接各类检查或比赛而匆忙应付，没有教育实效。三是自上而下，自说自话。表现在完全不根据学生的需求和心理特征开展活动。四是以知识性德育说教为主，讲大道理。真可谓用尽"三心"——苦口婆心、良苦用心、呕心沥血，却没有效果。以上误区都是因为活动的实施者不懂育人的原理：管束要求是下策，说教灌输是中策，启发引导是上策，体验感悟是上上策，促进学生道德的自我构建是至上之策。

目前，班级活动越来越具有课程的品质，需要系统规划、精心设计和严密的组织实施。我们设计班级活动的时候，学生在班级活动中的地位也发生了根本的变化，从被管理者、受教育者转变为活动组织者、自我管理者和实践建构者，其自主性得到张扬，其主体性得到发挥。那么，在生生相长背景下，如何实施班级活动呢？

生生相长班级活动的核心原则是"主体性""合作性""生长性"。"主体性"是指活动设计的出发点是学生的兴趣和需要，让学生积极参与、全身心投入当主角；"合作性"是指活动要创设多种让学生的身体和心灵聚合的载体，营造一种吸引学生的磁场，让学生在活动中合作共赢；"生长性"是指活动的意义指向学生的精神的成长、生命的拔节。打造充满"真趣"的班级活动，要基于学生的年龄和心理特点，从学生现阶段急需解决的问题出发，把握住教育的契机，才能取得活动的实效。

一、以生为本，从学生的实际需要出发

中学生的压力主要来自两个方面：学习和人际交往。对于那些成绩不理想的学生来说，通过活动来让他们暂时忘记学习的压力、卸下学习的重担尤其重要；而对于那些不善于交往的学生来说，融入集体、交到更多的朋友就是他们最大的愿望；也有一些学生虽然成绩不理想，但是颇有才华，他们想通过展示自身的才艺来获得成就感和存在感；还有部分学生由于住在偏远的小镇，很少有机会外出游玩或参观，他们急需通过开阔视野来提高自身素质。班主任应该根据学生的这些需要来设计活动。

(一)放松身心，满足学生玩的需求

游戏是儿童最正当的行为。尽管进入青春期的学生已经不是儿童了，但是他们对玩的渴望并没有减少，爱玩是人的天性，游戏更是孩子的至爱。玩游戏可以让人消除疲劳、缓解压力，锻炼肢体的灵活度，刺

激大脑的发育，促进身体各方面机能的发展，完善健全的人格。陶行知就主张让孩子在"玩中学、学中做"。

在制订计划时，我会先发放意见征求表，征求全体同学的建议。学生最想玩的基本是团体大型游戏，既有竞争也有合作。

1. 从动静来看

学生更喜欢动的游戏，如班级趣味运动会，同学们自创了很多运动器具，没有保龄球就用矿泉水瓶替代、用布做小沙包、垒球不够就用废纸来做等。这些非正式的运动器具增添了活动的趣味性。再如"爱的抱抱"游戏，来源于某综艺节目的经典游戏，其规则简单易懂：选一个人当指挥员，其他人围成圈跑，指挥员一直喊"爱的抱抱"，最后说一个数，如说"2"，就是要 2 个人抱在一起。如果不遵守规则，则会被淘汰。

2. 从场地来看

学生更喜欢室外的活动。室外环境空旷、活动空间大，更利于道具的摆放和身体的舒展。

3. 从形式来看

最热门的综艺节目中的很多游戏会成为学生的首选。这和学生喜欢看这类节目有关。比如"传话筒"，游戏者要戴上放着音乐的耳机表达出完整的句子，有些句子难度很大，在表达的过程中会发生很大的偏差，这种自然的反应便会制造出很多笑点，让同学们感到十分开心。

(二)融入集体，满足学生交友的需求

青春期孩子在迅速成长的过程中会产生强烈的交友愿望，学会交往是孩子走向社会化的必备能力。随着初中的学业压力增大，孩子们交往的时间和空间越来越有限，加上部分家长过分看重学业，对孩子交友不认同，导致孩子在初中阶段缺少朋友，造成一些心理问题。到了初中，孩子成长的影响源发生了变化，同伴群体的影响开始超越师长的影响。因此，我们要搭建各种平台，为学生创设活动的载体，让他们在活动中交到好朋友。

1. 通过沟通赢得理解

中学生喜欢"真心话大冒险"游戏，又名"诚实与大胆"。同学们通过猜拳或抽签等方式比试，输了的一方就要选择真心话或者大冒险。选择真心话，则由胜方随意问输方问题，输方必须全部如实回答；选择大冒险，则由胜方随意让输方尝试完成动作，如做 20 个俯卧撑、50 个蹲起等。孩子的世界是天真纯洁的，他们不善于掩藏，很多学生会选择真心话，表达自己的真情实感。真诚是赢得朋友的最基本准则，一些不善于交往的学生往往在这个游戏过后获得了好人缘，改善了人际关系。

2. 通过合作的方法加入团队

现在，很多素质拓展大型游戏的设定是必须依靠团队才能完成。如"球行万里"游戏：团队每个队员手拿一根半圆形的球槽，将球连续传递到下一个队员的球槽中，并迅速地排到队伍的末端，继续传送前方队员传来的球，直到球安全地到达指定目的地为止。这个游戏是通过共同传递一个球让大家感受队员间有效的配合、衔接以及自我控制能力，使大家懂得，在学习生活中，为了共同的目的，每个人都要做好自己的本职工作。"同心鼓""不倒的森林""穿越 A4 纸"等游戏也都强调了团队合作的重要性。

3. 通过战胜共同的困难赢得友谊

有意义的活动一定要克服许多困难，才能享受到胜利的成果。所以，我们在设计活动的过程中不仅要考虑趣味性和娱乐性，还要考虑教育意义。在"放飞梦想"的活动中，我让每个学生把自己的理想写在气球上，登上县城最高的那座山的山顶放飞气球，寓意"不断攀登才能实现梦想"。这座山一路都是荆棘，由于刚下过雨，地上也比较滑，同学之间需要相互搀扶才能安全登顶。在相互扶持和拉动中，同学们顺利登上了山顶，完成了集体放飞梦想的目标。看着各色气球载着大家的梦想飞向天空，同学们流露出了自信和幸福感！

（三）展示才能，满足学生展现自我的需求

根据加德纳的"多元智能"理论，每个孩子都有多方面的潜能。发掘学生的各种潜能，有助于他们的全面发展、激发他们的自信心和自豪感、帮助他们在班级里找到自己的位置。学生的才干各有特点，我们就要根据不同学生的特点搭建不同的平台。

中学生的才艺特长基本可以分为演讲主持特长、书法美术特长、体育运动特长、音乐舞蹈表演特长等。为了保证让每个学生都有机会展示，要为不同的学生设置不同的展示平台。

1. 确定最佳展示时间

为了尽早让同学们互相了解，个体的展示活动适合在开学初进行，一方面能让大家彼此熟悉，另一方面能让展示者尽早获得成就感。我曾经举办过"达人秀""梦想秀"等活动，要求每个同学单独或和其他同学组队展示特长。学生有弹琴的，有唱歌的，有展示书法作品的，有转魔方的，有抛溜溜球的，还有做俯卧撑的。每个人都亮出了自己的绝活，真可谓百花齐放，精彩纷呈。大家一下子就消除了陌生感，对新同学充满好感和期待。

2. 记录展示过程

对每个同学的展示，班主任应该拍摄照片或视频，作为学生成长档案的一部分。这些照片或视频可以存放在班主任的电脑里，在下学期开学回顾环节使用，也可以在学生毕业时做成班级微电影或刻成光盘，成为学生永恒的记忆。还可以选择部分照片或视频发到家长微信群里，让家长们看到孩子们的才能。当然，也不要忘记发到任课教师微信群里，既能让音体美老师快速发现班级人才，又能让文化课老师多方位了解学生的特长。这一点尤其重要，特别是对那些成绩不理想的学生来说，他们能够凭借才艺来提升自己的自信心。

3. 让学生担任评委

活动的目的之一是增进学生之间的互动、提高学生的综合素质，让

学生担任评委就有这样的效果。班级的十大歌手大奖赛，我们设立了大众评委和专家评委。大众评委由全体同学担任，每个人手中有五张红色的小卡纸，分送给五位最欣赏的选手；专家评委由音乐老师担当，她的手中有五张金色的小卡纸。一张红卡纸计 10 分，一张金卡纸计 20 分，最后看哪个选手的积分最高。我们还请大众评委点评选手的演唱水平和技巧，与选手频繁进行互动。在这样的氛围下，台上台下融为一体，活动高潮迭起。其他活动如做水果拼盘比赛、做寿司和做三明治比赛、包饺子比赛等，也都发动学生参与管理和评价。这样，生生相长的效果才会更突出。

(四)开阔视野，满足学生探究世界的好奇心

每个孩子都希望看到家和学校以外的世界，解开大自然的奥秘，满足自己的好奇心。班级活动可以和学校的拓展性活动结合，如参观家乡有特色的工厂或农场、调查当地的资源，为当地的经济建设提出建议。

1. 带着问题去参观

参观活动不是走马观花地看热闹，要启发学生思考。比如，带学生参观贻贝育苗基地前，我先请科学老师介绍贻贝生长的相关知识，然后请同学们把在课堂中产生的问题写在本子上，在参观的过程中向技术人员提出，包括贻贝育苗最适宜的海水温度、海藻的投放量和生长的速度等。有问题、有思考、有回复，形成探究性学习的小循环。

2."小老师"做解说员

让一些表达能力较强的学生当"小老师"，事先了解参观内容。比如，我们去海水淡化处理厂参观时，"小老师"们分成三拨，在三个地点分别介绍又咸又涩的海水如何变得清澈无味，带给同学们新颖的感觉。

3. 后续行动的跟进

参观归来，我们需要对活动进行书面总结、提出相关建议，并且把这些建议发送给相关部门。比如，在参观"嵊泗海产品基地"的活动中，同学们发现家乡的海产品很丰富，但是在包装上不够规范、精致，没有产品的具体介绍、缺少推荐语，有些甚至连保质期也没有标明。同学们就写了建议书，列出了四条建议，受到了相关部门的肯定。

二、以问题为导向，从解决班级问题出发

青春期孩子在成长的过程中一定伴随着一个又一个问题，对个别问题可以个别解决，但是对群体性的问题就要通过活动的形式加以疏导或解决。

(一)"一加一学习共同体"建设消除学习的挫败感

学习共同体是指由学习者及其助学者共同构成的团体，他们彼此之间经常在学习过程中进行沟通、交流，分享各种学习资源，共同完成一定的学习任务，因而形成了相互影响、相互促进的人际联系。也就是说，学习共同体是为了完成学习任务而构成的团体，团体内的成员拥有共同的目的、期望、志趣和情感，并因这些共同的精神因素而凝聚在一起，大家相互依赖、平等相待、荣辱与共，最大限度地共享利益。

"一加一学习共同体"由两个成绩不同或者学科互补的学生构成，让学生担任小老师，利用自修课和周末的时间定期在一起学习、互帮互助。小老师通过教别人巩固了知识，被教者依靠同学的帮助提高了成绩、获得了自信。

(二)家校互动缓和紧张的亲子关系

青春期孩子普遍存在亲子关系紧张的问题，原因不言自明。这种紧张的矛盾如果不能及时解决，积压起来就会成为大问题。我们应该采用多种形式解决这个问题。

我们把家长请到班级里，给孩子们上课。比如，请在公安局工作的家长介绍诈骗案件的特点和防范的措施，请在银行工作的家长介绍人民币版面的变化，请在高中担任语文老师的家长解读金庸小说的魅力。我们还请家长参加班级的"成长的喜悦"分享活动，活动中"小鬼当家"，学生汇报了自己成长的收获。在学习最紧张的期末阶段，我们还支持家长来学校给学生送夜宵。

周末布置的"爱心作业"是让学生为家里做家务、给父母准备小礼物、和父母交流汇报一周班级琐事等。最让家长难忘的是每次家长会上，我们总会设计一些让家长和孩子亲密互动的活动。如"寻找妈妈"的游戏，我们每次请来六位妈妈，请她们坐好，她们的孩子蒙上眼罩，在原地转三圈。在模拟狂风暴雨的音乐中，学生们踏上了"寻亲之旅"。在游戏中，孩子们不可以询问和呼喊，只能通过摸手来找到妈妈。孩子们既焦急又细心地触摸妈妈们的双手，直到找到自己的妈妈，和妈妈高兴地拥抱在一起。通过这个活动，孩子们发现原来妈妈的手已经非常粗糙了，而自己以前从来没有注意过这一点，妈妈为了这个家真的付出了很多。这个游戏让学生进一步拉近了和妈妈的距离。

(三)结合性活动消除人际交往不顺

青春期孩子与父母的距离增大、跟同伴的吸引力增加，因此完全可以依靠同伴的力量给学生以影响。学生在与同伴的互相影响下共同成长，获得双赢。学生在初中阶段的主要问题集中在人际交往、学习困难以及青春期困惑上，我就在解决学生的这些共性问题上精心策划，布置好舞台，然后退到幕后，让学生互动影响，取得了一定的效果。下面，以"欢乐同桌节"为例来谈谈如何开展结合性活动。

案例一：欢乐同桌节

初一新生刚入校时，由于彼此不熟悉，部分学生提出换座位的要求，怎么办？换就会助长学生的任性；不换，学生的情绪又比较烦躁。我想，同桌之间不和睦主要是由于学生们在人际交往上较多地看到了同桌的不足，而没有看到同桌的长处，同桌之间缺乏沟通。如果能给学生提供一个交流的舞台，那么学生一定会重新认识同桌，改变想法，珍惜和同桌的缘分。

于是，我别出心裁地策划了"同桌节"主题教育活动，包括"赠同桌一份礼物""夸夸我的好同桌""学唱《同桌的你》""评选最默契同桌""同桌趣味运动会"等活动。在"夸夸我的好同桌"活动中，因为要求学生夸同桌，所以学生回忆起了同桌在学习上对自己的帮助，对同桌表示了诚挚的感谢，还提出了希望；学生还从同桌的夸奖中看到了自己的闪光点，更看到了同桌的豁达、谦逊。在游戏阶段，同桌互相配合，或猜字，或合力运球。在欢笑声中，同桌之间的感情进一步加深。当《同桌的你》的歌声响起时，学生对友谊的感悟也加深了一层。之后，基本没有学生再向我提出换座位的要求。和同桌关系好了，意味着学生在人际交往上迈好了重要的一步。

同桌节成了每届学生最喜欢的节日，每年的 10 月 18 日，学生都会给同桌精心准备一份礼物，并且真诚地与同桌沟通，争取被评为最默契同桌。最有趣的是，已经参加工作的学生还闹着让我再给他们搞同桌节。学生们开玩笑说，全世界只有范老师的学生才过同桌节，这是我们的专利节日。

中学生人际关系系统是由多种成分组成的，其中的一个主要影响因素是相互认同、相互了解，要做到这一点非常不易。人与人之间心理距离的远近往往随着彼此相互认同的变化而变化，于是我设计了"夸夸我的好同桌""评选最默契同桌"活动，试图使学生在互相夸奖中更好地了解自己和同桌。当然，我要求学生在赞美同桌时最好将赞美的内容具体化，让同桌觉得你的赞美是发自内心而不是出于应付。比如，如果同桌平时总是静不下心，但这几天能安心解题了，就可以说："我的同桌只要静下心来，题目就做得又快又准确，可见他很聪明。"这比简单地说"他很聪明"要有效得多。多发现同桌的优点并给予具体化的赞扬，能进一步拉近同桌之间的关系。

中学生人际关系系统的另一个主要影响因素是情感相融。凡是能驱使人们接近、合作、联系的情感，被称为结合性情感。结合性情感越多，彼此之间就会越相融。根据这一心理学的特点，我设计了"赠同桌一份礼物""同桌趣味运动会""学唱《同桌的你》"等活动。这些活动都需要同桌之间通过互动合作完成，随着活动的展开，同桌为同一个目标而努力，结合性情感越来越多，彼此之间在情感上更相融。

对于这些活动，我和班干部进行了策划以后，就完全交给学生去组织，从头到尾我都没插手。回响在教室里的是阵阵笑声、句句称赞和深情的歌曲，让人回味的是在活动过程中同桌们默契配合的画面。

后来，我把这种活动推广到建设优良人际关系的"四人小组"上，以同伴间互相影响为指导思想，开展了"邻居，我要谢谢你""组员情况知多少""四人绑脚跑比赛"等活动，大大加强了小组的团结性。班级的各个小组具有了和谐的人际关系，整个班级也就具有了融洽的氛围。我们不仅要让学生明白人际交往的重要性，更要通过创设情境调动学生参与的热情，使学生了解和掌握交往的艺术，帮助他们发现自身在人际沟通中存在的一些误区，使其在成长过程中有良好的人际氛围。人缘最好的人是那些善于欣赏、赞美别人的人。

一块树根，在农民眼里，它可以劈开晾干了当柴烧，在寒冬里取暖；在植物学家眼里，它是树之根本、生命的起源；而在根雕家眼里，它是上帝的杰作、完美的艺术。同一块树根为何会有如此不同的境遇？那是因为识别它的人、欣赏它的人各有所异。它可能被无情地毁灭、可能被默默地掩埋于尘土之中，但它是一块未经雕琢的璞玉，只要存在，就会有光彩夺目的一天。大多数学生个体就如同一块树根，其形象在不同的教师眼中也往往不尽相同：或是普普通通，或是各方面资质俱佳。教师的"审美"标准更多地被分数所束缚，很多成绩欠佳的学生可能很少有机会成为教师心中的"美人"，但他们其实也具有许多可贵的地方，更需要被别人肯定。

当班主任的活动设想和学生的需求发生矛盾时，就需要班主任反思矛盾背后的原因，并将活动引导向教育的正面。下面以"我们要开废话大会"为例，来说说引导的技巧。

案例二：我们要开废话大会

故事述说

初三进入第二学期，学生所有的功课都已经学完，开始复习了，学习的紧张程度可想而知。看着学生们疲惫不堪、效率低下的样子，我觉得有必要开展一些班级活动，来缓解学生紧张的情绪。

我询问学生们想开展什么活动，但是大家都沉默着，可能是暂时想不出可以搞的活动。突然，坐在后面的小俊站起来，大声喊道："老师，我们要开一个废话大会！"大家听了都笑起来，我问小俊什么是"废话大会"，他说就是让同学们可以自由地聊一节课的天，老师什么话也不用说。有几个男生附和着点点头，还有几个男生大声说："同意！同意！"我又问了全班学生，只有个别同学表示否定。也有女生问我，如果嫌教室吵，是否可以把废话大会开到操场上。我没有当即表态，而是对他们说，这样的大会我从来没有听说过，更不用说召开了，容我想一想。

下课了，正好是广播操时间，学生们都出来排队，广播里不断传出体育老师的指令：快速排队，不要说话，快、静、齐。学生们快速从教室走出，跑向集合的地点。有的同学低声聊天，检查的老师看到了，就狠狠地批评他们。见此情景，我突然明白了学生要开废话大会的原因。

回顾学生一天的在校生活，十小时的时间基本全是教师在场的状态。一到教室就被班主任催着交上作业本、打扫卫生，随后语文和英语老师来管理早读。课间十分钟往往只有两三分钟的自主时间，因为上一节课的老师有时要拖堂。下一节课的老师有时又会提前来上课，学生要上洗手间、要准备上课的物品，的确没有时间聊天。这个年龄段的孩子正是最渴望和同学交往的，但是沉重的学习压力和严格的校纪校规限制了他们交往的时间和交流的机会。他们表面上是在争取聊天的机会，实际上是想释放一下自己的天性、赢得自由表达的机会。

想到这些，我决定同意他们召开废话大会。下午第四节是班会课，废话大会开始了。我没有走进教室，而是在窗外观察着学生的表现，很多学生都换了座位。这一角，三五个男生聚集在一起畅谈着打游戏的体会，小海还边说边用手比画着，脸上洋溢着兴奋之情；那一角，两个男生手里各拿了一本漫画，估计在交流漫画中的情节；靠窗户的小军正在笑眯眯地和同桌聊着什么开心的话题。再到操场看看，女生三五成群地坐在足球场的看台上聊天，有的干脆坐在双杠上，还有的在跑道上漫步，每个人的表情都是那样放松、自在。夕阳的余晖照在女生们的脸上，她们没有了考试前的焦虑，现在的她们就是最惬意的自己。这是一幅多么美丽的青春画卷呀，我为之沉醉。

废话大会开完了，下课铃声响起时，操场上的学生们脸上洋溢着笑容走进教室，回到自己的座位上去。我问我的课代表晓雯，这节课过得怎么样。她说就像跑完了三千米，出了一身的汗，洗完澡后那样舒服。我试探性地问晓雯都聊了什么，她告诉我聊了最近学习的压力和父母的不理解。当她听到好友李红有着和她一样的烦恼时，两个好友互相劝慰，也就排解压力的方式进行了交流，心情好多了。再问其他几位同学，他们也有同样的感受。

反思悟道

废话大会引发了我的思考：说话是一个人的基本权利，但是在部分教师的观念中，学生的所有行为都要有助于提高成绩，与学习无关的事情一律视为多余。教师提到学生的说话权，大多是从本学科出发，研究的是如何提高学生的口头表达能力这个比较功利的方面，较少从关注学生心灵的角度阐述如何在校园生活中确保学生的说话权。

学生要通过说话结交朋友、交流思想、排解内心的烦恼，但是我们往往把学生的说话功能限定在学习上。看到学生在课堂上积极发言，我们就很高兴；看到学生课后喜欢聊天，我们虽然不会去批评，但是也不会从内心去支持这种行为。这其实和我们狭隘的育人观有关，有些教师把育人的工作异化为"育分"。我们把学生在校的每一分钟都控制得牢牢的，学生说话的机会少，谈自己想法的机会更少。

短短的废话大会，看似浪费时间、毫无价值，却满足了学生的需要，让他们放松了身心、调整了心态、加深了友谊，从而更好地积蓄力量向前进。

作为教育者，我们要捍卫学生说话的权利，要创设让学生说话的机会。学生本身既是被教育者，也是教育者，加上青春期孩子与朋友的关系更加亲近，同学的意见和评价对他们的思想影响更大。完全可以让学

41

生成为主角，利用一切可以让学生说话的机会使他们成为教育的主体。

后来，我努力让学生说有意义的话：晨会课，不再是我一个人总结，而是由每个学生轮流担任值日干部，做好昨天的学习生活小结；语文课前三分钟，由一个学生演讲、两个学生点评；制订班级的计划和活动安排，采用先小组讨论后组长汇总的方式进行；同桌节，让同桌们互相夸奖对方；期末评语，让小组成员们互相点评。

我努力让学生说有意思的话：秋天的清晨，我会把早读课和第一节语文课合并起来，带学生走上学校旁边的盘山公路，让学生一边欣赏秋日的美景，一边发自内心地赞叹；冬天的午后，我会利用午自习前的一刻钟带学生到操场晒晒太阳，同学们在温暖的冬日阳光下闲聊着、欢笑着，感叹时光的飞逝。我还根据学生平时谈论的热门话题召开"我的偶像""网络游戏利弊谈"等班会，让他们畅谈自己的偶像和对网络游戏的认识等。当然，每学期一次的废话大会不限主题，正常召开。

总之，给学生说话的权利，才能满足他们的表达欲望、发挥他们的主体作用、放飞他们的思想与心灵，切不可因为怕浪费时间、影响学习而剥夺学生说话的权利。

三、以能力为目标，从提高学生核心素养出发

班级活动的目的之一是提高学生的核心素养和关键能力。这几年正在大力推进的项目化学习就能起到培养学生核心素养的作用，它不直接指向琐碎、零散的知识点，而是强调核心知识的再建构，基于解决真实情境问题的要求，使学生在逐步锻炼中养成应用的能力。班级活动应该通过学科整合的方式进行创造性开展，让学生通过合作的形式解决真实的问题。项目化学习的挑战性和综合性强，因此更需要同学之间通力合作，这也为生生相长搭建了一个新的活动载体。

案例三：帮助小俊爸爸的网店生意红火起来

我以"疫情下，如何使小俊爸爸的网店生意不受影响"为主问题，设计了一系列问题，让学生在真实情境下开展活动。

班级召开期中家长会，小俊的爸妈都没有来参加。一打听才知道，原来受到了疫情的影响，小俊爸爸的专卖螃蟹的网店生意很差，好不容易卖出了一些螃蟹，对方又以质量不好为由要求退货。可是螃蟹不同于服装和鞋子，一旦退回来就成了死蟹，无法再出售了。我和几个同学说起这件事，大家很想帮助小俊一家，希望我也一起想想办法。于是我就带领学生进行了项目化学习活动的探索。

首先通过撰写广告语把小俊爸爸的活蟹多推销一些；其次为小俊爸爸准备一些常用的应对语，当对方提出退货申请时能让对方尽量不退货；最后就是编写螃蟹菜谱，通过向有厨艺的家长请教，把螃蟹的多种烹饪方式发布在网站上。为此，我和学生们设计了以下活动。

(1)为小俊爸爸的网店的商品写广告语，要求明确、响亮、独特。先由每个人独立撰写，再进行小组分享，取长补短，选出最佳作品集体修改。最后再对六个小的最佳作品进行投票，选出得票最多的三句广告语交给小俊爸爸，由他自主选择。最后他选择了"极品美味，东海膏蟹"，发布在网上。

(2)准备好一套文案，应对买家提出的各种问题。常见的问题如：活蟹的保鲜方法是怎样的？活蟹可食用部分有哪些？如何快速处理活蟹？活蟹死了，要求退货或者赔偿该怎么进行？每个同学完成一个问题，由队长收集答案，大家讨论后修改成稿。

(3)每个同学在家长指导下动手做一道螃蟹类的菜肴，以准确简洁的表述方式把菜肴的烹制过程记录下来。由五位同学组成"美食品鉴团"，选取其中的五份菜谱，请菜谱的创作者再修改完善，并拍摄相关照片，以图文并茂的形式交给小俊爸爸。

(4)"雁行小队"调查疫情防控期间镇上一些实体店的生意情况，总结它们的经营经验，归纳后写一份建议书交给小俊爸爸。

以上四个环节涉及广告语、菜谱、建议书等内容，锻炼了学生的动手能力以及合作精神，培养了学生关心他人的品质。尽管有些作品不够完美，但是学生也在实践中成长了，在活动中提高了多方面的能力。

案例五：自制香皂的奇妙旅行

为了给敬老院的老人买新年礼物，我们需要筹集一笔班费。大家想出的办法是制作香皂去义卖，用得来的钱给老人买礼品。原本的初衷就是为了筹钱，但是学生们在一起讨论的时候，发现可以开展一系列既有意思又有意义的活动。整个活动包括以下五个环节。

环节一，有创意地制作香皂。六个小队完成不同主题的香皂制作。班级在网上购买了制作香皂的材料，准备好了电磁炉等用具，每个小队分到了不同的模板，有的是花卉，有的是动物，还有的是动漫人物等。在调色上由学生自主决定，可以添加金银丝、树叶等材料，给学生更大的创作空间。经过两节课的制作和半天的晾干，一块块造型新颖、色彩缤纷的香皂就闪亮登场了。这些香皂被装进了印有班级 LOGO 的精致的袋子里，精美程度不输给网上卖的手工香皂。

环节二，制作销售海报。图文并茂地展示香皂的特点，吸引顾客购买。为了能够把香皂顺利地销售出去，我们需要制作海报。海报要求图文并茂，特别是文字上要做到有吸引力，要写出本小队香皂的优点，以及预计的使用效果。学生们的介绍词富有个性，很生动活泼，赋予香皂以生命力，为下一步的活动打下了基础。

环节三，销售香皂。通过介绍和吆喝，用最短的时间推销出香皂。午餐结束后，我们开始在通往食堂的林荫路上售卖香皂。为了快速卖出香皂，六个小队展开了竞赛，他们的服务态度热情诚恳、吆喝响亮大胆、介绍词流利生动。不到半小时，六百多块香皂就全部卖出去了。

环节四，文字记录。把香皂制作过程写成一篇说明文，或者把售卖过程写成一篇记叙文。环节一到环节三学生都全程参与了，有了亲身的体验和感悟，会有更多的话想说。同时，语文老师正好在教说明文的写作，需要学生掌握说明文的写法。这样就把活动和语文学习巧妙地结合起来了。

环节五，去敬老院赠送礼品，礼品包括护手霜和自制香皂。队员们用卖香皂的所得为老人购买了礼物，带上自制香皂，周日下午来到敬老院，为老人送去温暖。在敬老院里，学生们对老人嘘寒问暖，为老人打扫房间、表演节目。很多老人紧紧拉着孩子们的手不放，都非常开心。当孩子们快离开时，老人们恋恋不舍，希望孩子们能常来走走。

回顾整个活动过程在制作香皂时，小队成员互相配合，美术功底好的同学负责设计花纹和图案，其他同学有的负责溶化皂基、有的负责模子的定型，密切配合下制作的香皂精致芳香。在制作销售海报时，各个小队群策群力，有的写诗赞美香皂，有的编写响亮的广告语，还有的从献爱心的角度推荐香皂，可谓"八仙过海，各显神通"。在销售环节，队员们更是以生动出色的口头表达招徕了很多的顾客，赢利八百多元。带着挣来的钱，同学们选购了护手霜，利用周日"雁行小队"活动时间给老人送去温暖，得到了老人们的交口称赞。

整个活动过程，也是项目化学习的过程。同学们在真实的情境中解决问题，在合作中培养了动手能力、表达能力，奉献了爱心。在项目化学习活动中，生生相长的效果再一次得到体现。

第五节 直面痛点，让班会课有的放矢

班会是班级教育活动的形式之一，是班主任对学生进行思想品德教育、培养学生综合素质的重要渠道。作为学校教育的一个组成单元，它的状况直接影响到学生的健康成长。但现今一些班会课存在着很大的随意性和零散性，活动内容单调乏味，形式呆板重复，没有发挥出应有的效果。这里引用上海市特级教师丁如许的一段话：班会课成了逢年过节的"应景式"，配合检查的"突击式"，放任自流的"自由式"，改上他课的"加塞式"，不论年级的"一律式"，内容重复的"老调式"。在这些问题中，特别严重的是"老调式"，班会课完全是班主任的独角戏，实效性不理想。

我们都知道，班会活动要充分发挥学生的主体作用。只有提高学生的参与性和主观能动性，才能促使学生最大限度地关注世界、观照自

我，获得真实的情感体验和心灵的触动，达到自我教育、自我提升、自我发展的自的。

班会活动要尊重学生的成长需求，班主任在设计一堂班会课前要问自己两个问题：我们为谁开班会？我们为何开班会？明确了问题的出发点，我们设计一节班会课的角度也就清晰了，那就是必须从学生的角度出发，从学生的心理、情感、认知出发，投其所好。另外要明确的是，在道德认知上，教师是"从已知到已知"，而学生往往是"从无知到已知"。教师首先就要克服这个思维的限制，换位思考，把自己变成学生，从"已知"变成"无知"，来确定班会课的起点，然后再从德育目标入手，科学设计班会课。

教师要把自己变成学生，就应该明白学生是天生喜欢活动的。当然，这种活动不是毫无意义的"乱动"，而是紧紧围绕主题创新形式，是生动之"动"、灵动之"动"，是学生进行自我教育的最佳方式。我们的班会课就是要让学生"乐动""善动"，"动"得开心、"动"得精彩，从而有效实现德育目标。

一、独特的选材让学生"走心"

从班会课的材料来说，老师们常常喜欢用名人故事来教育学生。但是老师们从小学开始就一直在用这些事例，对初中生来说缺少吸引力。从多年的班会课教学中，我发现最吸引学生的是三类材料：一是来自学生生活的"草根"素材，二是颇具时代感的"时尚"素材，三是对思想有巨大冲击力的"高端"素材。

(一)选材要"草根"

"草根"素材指的是贴近学生生活的材料，是来自学生的真实事件，它们更能引起学生的兴趣和共鸣，触发他们的思考和参与，使学生不再觉得班会课是空洞无味的说教。在"责任是心中爱的撒播"主题班会前，我拍了学生打扫卫生、搀扶同学去医务室、教同学做题等照片，做成幻灯片。由于拍的都是背影，我给幻灯片取了个题目——《最美背影》。播放幻灯片时，我让大家猜一猜照片中的主角是谁，一下子勾起了大家的兴趣。由于学生穿的都是校服，很难一下子辨认出来，大家纷纷猜测、叫嚷起来。被点到名字的同学都十分高兴，照片中的主角更是充满了自豪感。这个环节让学生在"嚷嚷"中感受到，做一个有责任感的人是多么令人自豪的事情。

再如，在准备"尊重是金"这一主题班会时，我事先收集了班里几乎所有学生的绰号，在班会课上让大家给绰号分类，哪些是带侮辱性的、哪些是昵称。当幻灯片呈现同学们的绰号时，教室里一片笑声。笑过之后，那些有不雅绰号的学生最先站起来分类，其他学生积极补充。通过给绰号分类，学生懂得了通过夸大别人的缺陷给别人取绰号是不尊重他人的表现。最后，我请学生把幻灯片上的不良绰号一一删除，又进行了一个"改绰号"的环节——"小姚明"取代了"长脚鹭鸶"，"小博士"取代了"四眼田鸡"，"李秀才"取代了"小白"，等等。绰号变成了昵称，同学们之间的关系更加亲密。

苏霍姆林斯基曾说"唤起人实现自我教育，才是一种真正的教育"。不论是"猜最美背影"还是"给绰号分类"，都是学生进行自我教育的过程。而能让学生进行自我教育的要素之一，就是选用"草根"素材。"草根"素材很多，像学生的 QQ 名字和签名、学生的生日、学生喜欢的歌手和歌曲等，都可以成为班会课的最佳材料。

(二)选材要"时尚"

这里的"时尚"的意思是指材料具有很强的时代感，其中的人物是学生喜欢的偶像，在各行各业做出了突出的成绩，涵盖文化翘楚、畅销书作家、英雄楷模、科技精英、商业奇才、体育健将、青少年先锋等，如科技界的袁隆平、屠呦呦，教育界的张桂梅、于漪，体育界的姚明、科比、贝利等。这些人的共同特点是具有创新精神，在各自的领域特别是学生熟悉的领域有突出的表现，学生热爱他们、崇拜他们。

在主题为"所有梦想都开花"的班会上，学生先交流了自己的偶像，然后分享了自己崇拜偶像的原因，主要是偶像在实现梦想的道路上努力拼搏、顽强奋进的精神打动了他们。学生讲了科比的"洛杉矶凌晨四点的灯光"、讲了成龙为成为世界级演员所受的伤、讲了屠呦呦团队在战胜疟疾的道路上所付出的艰辛，这些真实的故事特别能打动他们。

在主题为"少年强则国强"的班会上，我播放了金一南将军的讲话《中国凭什么立足于世界》的视频，让学生直观地了解到中国共产党的发展历程和中国崛起的原因。我还播放了一组从也门和利比亚被接回祖国的国人无比激动的照片，当看到从战火纷飞的国外安全回国的同胞一下飞机就亲吻大地的时候，学生的内心受到了深深的触动。有几个男同学在谈感想时，表达了以后想成为一名光荣的军人的心愿。

(三)选材要"高端"

"高端"在词典中的意思是等级、档次、价位等在同类中较高的。"高端"素材在这里可以理解为能挑战习惯思维的材料，这样的材料最能引起学生的思索和触动。

在"赢在挑战"主题班会上，我先出示了澳大利亚残疾青年尼克·胡哲的照片，问学生：一个没有四肢、仅有上半身的人能做些什么？学生眼中流露出惊讶、怜悯、疑惑。然后我出示了尼克踢足球、游泳、做菜、穿针的照片，学生的惊叹声一阵阵传来。当我出示尼克迎娶美丽健康的新娘的照片时，教室里传来了阵阵掌声，这个"海豚人"的故事震撼了同学们的心灵。在接下来的"我想对尼克说"这个环节里，学生反思了自己懒散懈怠、畏惧挑战的思想，和尼克进行了一次深度的心灵沟通。最后，我向学生推荐了尼克的自传《人生不设限》。这堂班会课收到了很好的效果，学生们的抱怨明显比以前少了很多，学习状态也比以前好了一些。

"高端"素材生动活泼，很有深度。要想获得这样的素材，就需要班主任做个有心人，多读书看报，及时收集有用的资讯为自己所用。

二、新颖的形式让学生"走心"

班会课的形式很多，有演讲、辩论、情境展示等，但最有效的是体验性的活动形式。体验是指由身体性活动与直接经验产生的感情和意识，是学生生命中的一段重要经历和有意义的生活构成。体验性的活动需要教师巧妙创设情境，引入小游戏，让学生"善动"。

(一)巧妙创设情境

情境能给主体的意识以直接的现实，是"主客融合、物我同境"的一种境界。在"报得三春晖"的班会课上，我为了让学生更真切地体会母亲的辛劳，让孩子暂且抛却青春期的叛逆，和母亲来一次亲昵的接触。我特地请来了几位妈妈，和孩子一起进行"寻找妈妈"的活动。我创设了这样的情境：地震过后，一片漆黑，狂风呼啸，人影散乱。你和妈妈失散了，你声嘶力竭地呼唤，妈妈听不见，你只能靠触摸一双双手来辨认亲人。我请妈妈们坐好，她们的孩子蒙上眼罩，配上模拟狂风暴雨的音乐，踏上了"寻亲之旅"。学生们焦急又细心地触摸几位妈妈们的双手，直到找到自己的妈妈，和妈妈拥抱在一起。

接下来的"护蛋运动"更是让学生深受触动。我发给每名学生一枚生鸡蛋，让他们放在口袋里，告诉他们鸡蛋代表还未出生的小宝宝，然后让学生分组上来做广播操中最激烈的部分，要求动作准确到位、鸡蛋完好无损。学生蹲也不敢蹲、跳也不敢跳，高度紧张地完成了动作。这个活动意在告诉学生母亲怀胎十月的不易。班会课结束后，有学生在周记中写道："一枚小小的鸡蛋就让我担心得要命，母亲在怀我的时候不知经过了多少个不眠之夜，不知受了多少罪。"这样的情境创设，比引入那些歌颂母爱的名言警句有用得多。

(二)引入小游戏

学生都喜欢做游戏，围绕主题开展的游戏真正体现了"寓教于乐"的思想，在欢快的气氛中达到了教育的目的。比如，为了让学生明白时间的宝贵，可以做"一分钟击掌实验"，学生在一分钟里最多能鼓掌二百多次。学生在惊讶之余明白了一个道理：只要充分利用时间，每一分钟都可以创造无限的精彩。

为了让新同学尽快建立和谐的关系，可以进行"同心圆"游戏。所有的同学围成里外两圈，相向而立。音乐响起时，同心圆内外圈反方向转动；音乐停止时，面对面的两个同学彼此握手寒暄，并夸奖对方的优点，越多越好；音乐再次响起时，游戏继续进行。几轮游戏以后，原本陌生的学生变得亲近起来，学生对班集体的陌生感也随之消失。

还有"拷贝不走样""你来比画我来猜""纸上站人"等游戏，无不考验着一个团队的互助精神和合作能力，特别是能让那些内向或对集体冷漠的同学也参与进来。当然，最好选择需要团体协作来共同完成任务的游戏，这样能够增进团队成员之间的默契和信任。

不管是创设情境还是引入游戏，都是引导学生"善动"。在突破重难点时，"善动"很重要；在训练学生"怎么做"的时候，"善动"很必要。

总之，班会课要善于唤起学生的自我教育，投"生"所好。采用独特的选材，让学生"乐动"；采用新颖的形式，让学生"善动"。在生动的课堂上放飞学生灵动的思想，收获教育的成功。

主题班会课例一

我为祖国"点赞"

活动背景

党的十九大的召开是一件举国欢腾的大事。大会不仅回顾了过去五年取得的伟大成就，而且为未来中国的发展指明了前进的方向，同时选出了党的新一届领导人，是中国历史上具有划时代意义的重要大会，必将指引党和国家事业继续阔步前进。当前，全国上下都在积极学习党的十九大的精神。作为中学生，在学习科学文化知识的同时，也应该关心国家大事，了解祖国取得的伟大成就，更好地激发爱国热情，从而为实现中国梦而努力学习。

活动目标

1. 通过分组汇报，让学生了解党的十八大以来我们国家取得的伟大成就。

2. 通过观看视频、朗诵等形式，激发学生的民族自豪感和爱国热情。

3. 通过反思，让学生懂得爱国的具体表现，把爱国之心化作具体的行动。

活动准备

1. 把学生分成四个组，从四个方面收集党的十八大以来我们国家取得的伟大成就的资料，并熟悉这些资料，制作好幻灯片。

2. 准备《我的祖国》《我爱你中国》等歌曲和背景音乐。

3. 撰写诗歌《走进新时代，共圆中国梦》，并请四位学生熟悉、排练诗歌朗诵。

活动过程

一、我为祖国而感动

1. 请学生们观看视频——中国人民大学统计学院部分学生在校园餐厅"快闪"合唱《我爱你中国》。

师：这个视频被传至网上，引发网友热议，不少人称被感动哭了，歌手汪峰也发微博称"简直逆天了！明年巡演必须请他们来演唱会现场一起合作这首《我爱你中国》"。据人大校方统计，该视频播放量已突破1500万。没有绚丽的舞台，没有精致的妆容，甚至没有乐器的伴奏，这首合唱为什么会感动这么多的人？

2. 学生发言。从演唱的技巧、歌声的优美、抒发的感情等方面来谈，重点谈到歌曲中包含的情感打动人心。

教师小结：是的，感动无数人的不仅是歌唱的艺术，还有歌声引起了大家的共鸣，激发了我们内心深处对祖国深深的热爱。今天，我们就来为祖国"点赞"。

设计意图：现在的部分中学生对爱国歌曲不是很热衷，让学生欣赏中国人民大学统计学院部分学生合唱的《我爱你中国》，能够拉近他们和爱国歌曲的距离、激发他们内心的爱国情感，从感性上为下面的环节的展开做好铺垫。

二、我为祖国而骄傲

(一)"发言人"成果发布会

师：党的十八大以来，我们国家取得了举世瞩目的伟大成就，令世界人民刮目相看。那么，我们都取得了哪些伟大成就呢？下面请四位发言人来介绍我国在科技、军事等方面取得的伟大成就，他们将从"中国深度""中国高度""中国速度""中国强度"四个方面介绍。

给四位扮演发言人的同学佩戴好工作牌，要求对着PPT逐一解说。

1."海洋局发言人"介绍"中国深度"。有世界最大、最深的双钻塔半潜式海上钻井平台"蓝鲸1号"，还有首台我国自主设计、自主集成研制的作业型深海载人潜水器"蛟龙号"。

2."航天局发言人"介绍"中国高度"。有我国真正意义上的空间实验站"天宫二号"、构建了天地一体化的保密通信的"墨子号"量子卫星、暗物质粒子探测卫星"悟空号"，还有被称为"中国天眼"的世界最大的单口径球面射电望远镜FAST。

3."交通运输部发言人"介绍"中国速度"。有我国具有完全自主知识产权的新一代大型喷气式客机C919、标准时速为350公里的"复兴号"高铁，还有我国在交通设施方面的巨大进步。

4."国防部发言人"介绍"中国强度"。有国产航母、我国自主研制的第四代隐形战斗机歼-20、东风弹道导弹31AG，还有海外大撤侨。

(二)"发言人"记者招待会

台下的学生以记者的身份向四位"发言人"提出问题。为了更有代入感和情境感，要求小记者先介绍自己来自哪家媒体，再提出有意义或者有意思的问题。小记者提问举例：

小记者1："蛟龙号"目前还有哪些海域、深度是到达不了的？它的入海有什么科学意义？

小记者2：东风导弹最远可以打到什么地方？

小记者3："复兴号"什么时候将会完全替代"和谐号"？

小记者4：射电望远镜已经观测到哪些太空现象？

⋯⋯⋯⋯

四位"发言人"对小记者们的问题一一做出回答。对无法回答出来的问题，由班长记录，查找资料后将答案张贴在教室里。

设计意图：要想让学生了解党的十八大以来我们国家取得的伟大成就，如果采用教师解说的方式，会非常单调。而采用让学生收集资料并举行记者招待会这样的方式，会给学生耳目一新的感觉。学生的参与性、互动性会大大提高，学生的主体地位会进一步凸显，也能让学生明白为什么祖国值得我们"点赞"。

三、我对祖国诉衷肠

师：刚才四位"发言人"和记者们的互动很精彩，特别是"国防部发言人"讲到海外大撤侨的场景令人激动万分。老师看过侨民对回国时的回忆：当侨民因遗失了护照而无法过检查站的时候，他们就用唱国歌的方式证明自己是中国人；载着侨民的汽车覆盖上鲜红的国旗，就能一路通行无阻。很多侨民回到祖国后都说，没有想到会有那么一天，国歌会成为他们的救命稻草、护照会成为他们的方舟，他们为生活在这样一个伟大的祖国而骄傲、为生活在这样一个伟大的时代而自豪。下面的这段视频，一定会让你进一步体会到这种情感。

1. 播放利比亚撤侨亲历者王本虎演讲的视频，视频内容为王本虎讲述被祖国的飞机从硝烟弥漫的利比亚接回国的经历。

2. 看了视频之后，很多网友激动万分，纷纷写下了"祖国很强大，我们很自豪""此生无悔入华夏，来世还做中国人"的话语。那么你有什么感想呢？请把感想写在卡片上，和大家一起分享你的心情。

在学生写作时，播放《我爱你中国》的伴奏音乐。学生听着抒情的乐曲，心中的爱国热情纷纷被点燃，他们分享了自己对祖国最真挚的情感。

生1：万里长江流，心中黄河绕，得入中华门，无悔炎黄孙。

生2：国强龙腾入九霄，我以我力报祖国。

生3：承我中华之国恩，展我少年之英姿。

生4：国是千万家，感谢祖国母亲给予我们的庇佑！

…………

师：同学们的心声无比珍贵，为了进一步表达我们对伟大祖国的热爱之情，请四位同学用诗朗诵的形式再为我们的祖国母亲献上一首赞歌。

3. 配乐诗歌朗诵《走进新时代，共圆中国梦》。

设计意图：班会课要以理服人、以情感人。要善于发掘学生内心深处的爱国情感，就要选择恰当的素材激发他们的情感的再次共鸣，为情感的抒发做好铺垫，而深情的悠扬的《我爱你中国》的音乐情境则能催发情感的表达。有当事人的演讲作为引子，有网友的帖子作为范例，有抒情的音乐创设情境，学生的情感自然会喷涌而出。

四、我为祖国添光彩

师：我相信同学们对祖国的热爱之情是由衷的、真实的，但是真正的爱不是挂在嘴边的，需要付诸行动。对下面几件事情，不知道大家有什么看法？

1. 播放一段短视频和作业素材。视频是我偷拍的，内容为学生参加升旗仪式时不规范的站姿和不响亮的唱国歌声（为保护隐私，从背面拍摄）。PPT展示了学生语文作业中不规范的书写、拼音和英文字母混杂书写的现象，还展示了一名不愿意学习英语的男生在试卷中自诩"因为爱国，所以不学英语"。

2. 组织学生讨论：对以上现象有什么看法？对于中学生来说，什么样的行为才是真正的爱国？

学生分享交流。

教师小结：爱国不是高大上的口号，需要的是我们点点滴滴的行动，从高唱国歌开始、从学好每个汉字和拼音开始、从热爱祖国的传统文化开始。我们每个人都应该牢记：国家兴亡，匹夫有责。为祖国"点赞"，需要做好每一件小事，有文明的礼仪、有美好的心灵、有撸起袖子加油学习与工作的精神。

3. 齐唱国歌，写好"我爱你中国"五个字。热爱祖国，要从细节做起。用多媒体播放天安门广场升旗的令人激动的场景，全班起立，唱国歌。请两位同学在黑板上端正书写"我爱你中国"。

最后，班会课在"我爱你中国，心爱的母亲，我为你流泪，也为你自豪；我爱你中国，亲爱的母亲，我为你流泪，也为你自豪"的歌声中结束。

设计意图：当学生对祖国的情感达到顶点的时候，班会课的第一个目标已经实现。但是德育的途径之一是知行合一，让学生会表达爱国之情不是班会课的目的，重要的是让学生反思自己的不足、反思自己的情感和行动不一致的原因，从而修正自己的做法，把爱国精神落实到学习生活的点点滴滴中去。这才是班会课的最终目的。

班会课反思：

班会课的目标是让学生了解党的十八大以来我们国家取得的伟大成就，激发学生的民族自豪感和爱国热情，让学生通过反思明白爱国的具体表现，把爱国之心化作具体的行动。班会课在素材的选取上坚持"贴近实际、贴近生活、贴近未成年人"的原则，把爱国情感与学生的生活经验密切结合起来，同时挖掘了学生的生活经验中的道德素材。在形式上，活动贯穿班会课的整个过程，多次创设情境，师生在情境中参与活动。师生互动、生生互动，让学生在活动过程中得到体验和感悟，取得了很好的课堂效果。

稍显不足的是，第四个环节的时间安排不够充裕，学生的讨论没有充分展开，匆匆收尾。

主题班会课例二

流汗的你最美！

活动背景

习近平总书记2018年在全国教育大会上强调，坚持中国特色社会主义教育发展道路，培养德智体美劳全面发展的社会主义建设者和接班人。要在学生中弘扬劳动精神，教育引导学生崇尚劳动、尊重劳动，懂得劳动最光荣、劳动最崇高、劳动最伟大、劳动最美丽的道理，长大后能够辛勤劳动、诚实劳动、创造性劳动。

但是，在应试教育倾向依然严重、科技进步取代部分劳动的背景下，教育与生活、学习与劳动出现了一定程度的分离、割裂，加剧了青少年对劳动的轻视、误解，劳动教育正成为最受人忽视的教育。社会上一些青少年热衷超前消费、幻想不劳而获，与劳动教育缺失不无关系。部分中学生在班级集体大扫除中缺乏熟练的劳动技能、对劳动者缺乏应有的尊重，甚至认为"学习就是一切，劳动并不重要"。因此，加强劳动教育刻不容缓。

活动目标

1. 通过视频、故事分享，引发学生对劳动的思考，让学生明确劳动的意义。

2. 通过情景剧表演、夸夸身边的劳动者等活动，让学生感受劳动者的不易、学会尊重劳动者。

3. 通过对班级劳动之星的表彰和采访及朗诵活动，让学生形成热爱劳动的意识，培养学生主动承担劳动任务的良好习惯。

活动准备

1. 渔民"海上作业"的视频。

2. 设计情景剧脚本。

3. 提前评选出五位班级劳动之星，并制作奖状。

活动过程

一、视频导入，感受劳动场景

1. 播放视频

视频的主要内容：渔民迎风远航、乘风破浪，在海上辛苦捕捞，收获满满。渔民脸上洋溢着笑容，他们用辛勤的劳动让生活美好起来。

2. 同学分享观后感，老师导向劳动主题

教师小结：同学们，渔民是淳朴勤劳的，你的父母、他的父母，都用自己的双手和汗水收获了一筐又一筐的鱼虾，为你们带来了美好的生活。流汗的他们最美！这节班会课，让我们共同感受劳动的美好。

二、故事分享，认识劳动意义

1. 劳动创造美好生活

(1)由同学分享重庆"棒棒"的故事。

2010年，一张父子照火遍网络。照片中的重庆"棒棒"冉光辉当年在朝天门讨生活,一家人在棚户区租房住。十年里,冉师傅扛起了一个家。2016年,冉师傅咬咬牙,在重庆最有名的地标解放碑附近买了一套60多平方米的房,花了40万元。因为贷了款,他的负担更重了。按一包货10元计算,买这套房,他需要扛4万包货。用这样的方式扛出一套房,让人动容,也让人欢喜。

(2)教师小结:行行出状元,劳动是不分贵贱的,一个人只要能凭借自己的劳动去安身立命,就是值得我们尊重的人!

2.在劳动中奉献自己、幸福他人

(1)由同学分享中交港珠澳大桥岛隧工程项目电焊一组班长沈红生的故事。

2018年10月24日,港珠澳大桥正式通车运营。这座大桥跨越伶仃洋,东接香港,西接珠海和澳门,总长约55千米,集桥、岛、隧于一体。

2012年年底,武船重工装焊制作一部电焊一组班长沈红生带领手下最优秀的20多名焊工,赴广东开启港珠澳大桥的焊制之旅。忍受高温、高辐射、高噪声的"三高"成了工作常态,为了保证熔滴的平稳过渡,避免出现缺陷,火星落在手上烫疼了也要忍住!岛隧工程是港珠澳大桥建设的"难中之难"。33节沉管要完成高精度的海底对接,岛隧工程的总工林鸣比喻其难度:"像连续33次考上清华。"在沈红生的带领下,大家最后顺利完成了各项任务。

(2)问题:沈红生的故事让你对劳动的意义有了怎样的理解呢?

(3)教师小结:劳动就是奉献自己、幸福他人!

三、情景剧表演、珍惜劳动成果

1.情景剧表演1

旁白:晨练结束后,住宿生小陈走进食堂吃早饭。

小陈:阿姨,今天是什么包子啊?

阿姨:豆沙包。同学你要几个?

小陈:来两个吧,再来一碗粥,谢谢!

（小陈拿好餐盘，坐到座位上就餐）

小陈（自言自语）：我好像吃不下了，怎么办？早知道就要一个包子了。（环顾四周）值日老师没看见，我偷偷扔掉吧。（起身打算走出食堂）

值日老师：同学，包子别扔啊，多可惜。

小陈：可是我吃不下了。

值日老师（拿起包子就吃，小陈很吃惊）：现在不是在提倡"光盘行动"嘛，扔掉包子就是浪费粮食，农民种粮食多辛苦啊，你这是不尊重他们的劳动成果。以后吃多少就向食堂阿姨要多少，不能浪费了，"光盘"人人有责啊。

小陈：老师，我错了，没有下一次了。我还会让身边的同学一起"光盘"！

问题：值日老师的做法、小陈的变化给了你哪些启示？

2. 情景剧表演2

旁白：教室门口的过道脏了，小蒙主动拿起拖把去拖地。这时，小科和小源走过来了。（小源把小科往旁边拽了一下）

小科：干吗拽我啊？

小源：小蒙在拖地呢，我们往旁边走吧，别踩脏了。

小科：又没多大事，就多几个脚印嘛，再拖一下就好了。

小蒙：你怎么这样子，你这是不尊重我的劳动。

小科：是你拖地，又不是我拖地，爱拖不拖。（径直踩过去了）

小源：小蒙，你别生气，我去好好和他说说。（追在小科后面）

问题：如果你是小源，你会对小科说些什么呢？

教师小结：劳动成果是劳动者付出行动后所收获的，我们要尊重劳动者、尊重他们的劳动成果，这样，我们自己的劳动也会被尊重。

3. 夸夸身边的劳动者

（1）小组讨论：分享身边最美劳动者的故事，由小组代表分享。

（2）教师引导：我们身边有不同的劳动者，虽然他们岗位不同，但都是在创造价值，都是值得肯定的。暑假期间，我们班的部分同学为那些烈日下的劳动者送去了清凉，请他们分享活动后的感受。

（3）教师：老师也想要夸夸身边的劳动者。值周的那一星期，我们班几乎没人迟到，到校后就各司其职，抓紧时间打扫校园，而且还相互帮助。同学们通过付出，圆满完成了值周任务。大家用双手让校园变得更加整洁，你们是校园最美的风景！

四、表彰榜样，焕发劳动热情

（1）班级劳动之星上台领奖，并发表感言。（播放班级劳动之星视频）

（2）由四位同学朗诵《赞美劳动者》。

（3）全体同学再次齐读：让我们为劳动者喝彩！让我们以劳动为荣！让我们成为美好的劳动者！

（4）教师结束语：同学们，劳动是生存的基础，劳动可以创造美好未来，让我们一起成为最美的劳动者，流汗的你最美！

第三章

携手——在家校
共建中成长

第一节　今天的家访需要这样做

苏霍姆林斯基认为，没有家庭教育的学校教育和没有学校教育的家庭教育都不可能完成培养人这一极其细致和复杂的任务。现代教育是一个开放、现实、全方位的社会活动，只有家校同心、互动共育，才能形成教育合力。尤其是对青春期学生的教育，更需要学校和家庭密切配合、互相支持，才能让孩子们得到全面、持续的发展。

要想让家校形成合力，必须加强沟通。沟通是人与人之间、人与群体之间思想与感情的传递和反馈的过程，通过有效的沟通能达到思想的一致和感情的通畅。和家长沟通能有效互通信息、明确主要问题、协商处理方案，更重要的是能建立互信关系、巩固沟通成效。沟通的主要方式有电话、家访、请家长来校、钉钉、家校通平台、微信、QQ、家校联系手册、记事本、周记本等。在各种方式中，家访是最常见的。我们都知道，家访是班主任全面了解学生、更好地动员家庭力量共同教育好学生的必要途径，一次成功的家访可能会收到意想不到的教育效果。

一、把握家访的三个原则

第一，了解是沟通的基础。学生来自不同的家庭，每个家长的文化水平、素质和修养都不同，对教育的理解也各不相同。因此，我们在家访前要先通过查阅学生的档案或者和学生聊天等方式了解家长的基本情况，并根据实际情况巧妙地运用语言艺术，与不同类型的家长进行沟通。

第二，尊重是沟通的前提。尊重是一种修养、一种品格和一种对人不卑不亢、不俯不仰的态度。要有尊重家长的意识，真诚沟通、礼貌待人，做到与家长平等交流。尊重体现在很多细微之处：谈话前，创设温馨氛围，准备谈话资料；谈话中，对家长用尊称，语气亲切委婉，记得向家长致谢等；当家长反馈意见时，还要认真倾听家长的心里话和诉求。

第三，理性是沟通的保障。本着"一切为了孩子"的宗旨，要努力寻求共同话题，可以从正面称赞入手，创造融洽氛围。要争取主动，控制谈话过程和自身情绪。做到"三要三不要"：赞美与鼓励的话要说，感激与幽默的话要说，与进步有关的话要说；没有准备的话不要说，没有依据的话不要说，情绪欠佳的时候不要说。

二、走进学生的房间

把握以上三个原则之后，我们就可以信心满满地去家访了。家访时，班主任一般会坐在客厅里和家长交流孩子在学校的表现，不会随处走走看看，生怕被家长认为不礼貌。其实，要想真正了解学生的思想、习惯、兴趣，光靠听家长的介绍是不够的。耳听为虚，眼见为实，如果能够到学生的房间里看看，班主任就可以凭自己的经验获取学生的一些重要信息。因为学生的房间是他们的私人空间，在自己的小天地里，学生会在墙上贴上最崇拜的偶像的照片，会在书桌上放上心爱的书籍，会在枕头边放上小时候玩过的玩具。这些布置会帮助我们了解学生的个性、爱好，当然只草草地张望一下是不行的，班主任必须特别注意房间的三个部分。

一要特别注意观察书桌的摆放位置。

书桌的摆放位置正确与否和学生能否专心地学习有一定的关系。一般来说，书桌应该摆放在靠窗的明亮的地方，学生白天学习时，光线比较好；晚上把窗帘一拉，也能营造出一个安静的学习氛围。但是如果学生家和邻居距离比较近，学生坐在书桌边学习，一抬头就可以看见窗户对面的人家，这样可能会影响学生的注意力。特别是对那些注意力容易分散的学生来说，窗户对面的人家就成了一道变幻的风景，书桌面对墙放置会更合适一些。

班主任还要注意看学生的房间里书桌和床的距离。书桌和床应该有一定的距离，这样学生在学习疲倦时不会想到躺在床上休息。如果床与书桌太近，学生容易产生怠惰的心理，因为床给人的感觉是那样诱人和温馨。学生经过一段时间的学习，很容易就会倒在床上休息片刻，而休息片刻的结果就是昏昏欲睡，没有精神进入下一个时段的学习。

我去小磊家里家访时，发现床与书桌几乎是挨在一起的，他每天是坐在床沿上、趴在书桌上学习。小磊妈妈告诉我，由于家里面积小，不得不把床与书桌靠在一起，他每天晚上学习到七点多就哈欠连天，倒在床上睡着了，以致成绩一直不理想。我告诉她，这是由于坐在床边会感觉比较温暖惬意，特别容易引起困倦。再加上孩子白天学习和运动比较累，容易犯困，所以造成晚上没有精神学习。我建议小磊把靠墙的杂物移到床底，把书桌移过去，准备一把凳子，能坐在凳子上学习。同时我建议他每天起床后把被褥叠起来，不到睡觉时不打开，这样也能够改变晚上总想睡觉、没有动力学习的状况。经过一段时间的努力，小磊的学习状态大有改观，学习时间大大延长，学习成绩也有了提高。

二要特别留心看书架上的书籍种类和数量。

我们知道，书籍对学生的成长有至关重要的作用，缺乏各类书籍会对孩子思想的成熟、知识的拓展、素质的形成造成一定的影响。所以，学生应该拥有一定数量的文学、科学书籍和各种字典、词典等工具书。如果学生的房间里没有书籍，应该提醒家长适当购买；如果学生拥有的书籍的类型比较单一，应该和学生以及家长商量如何调整，因为调整书籍的类型从另一个角度来说就是调整孩子的知识结构。中学时代学生就应该广泛地涉猎各种书籍，这样能为今后的学习、工作打下坚实的基础。

另外，通过观察学生拥有的书籍，还可以了解孩子的兴趣爱好和特长。有一年初一刚开学，我去一个叫小春的学生家里家访。走进小春的房间，我看到她的书架上摆满了诗集，特别是席慕蓉的诗集。小春的妈妈告诉我，女儿从小就喜欢读诗、写诗，还翻出了她小学时写的诗给我看，这些看起来稚嫩的诗确实挺有味道。了解到这一点以后，我鼓励小春竞选文学社的社长，后来她也确实高票当选了，她的才能也得到了施展。

通过观察学生阅读的课外书，还能发现学生的行为变化背后的小秘密。刚上初二的瑞瑞突然变得深沉起来，总是用怀疑的眼神打量周围的一切，和过去整天嘻嘻哈哈、打打闹闹的他形成了鲜明的对比。我很奇怪，就到他家去了解情况。当走进他的房间时，我发现书架上摆满了各种推理小说，有近十本《福尔摩斯探案集》，还有《金田一探案集》《梅森探案集》。瑞瑞告诉我，这些书是他利用暑假阅读的，因为他的数学不好，有人告诉他这是因为逻辑思维能力不强，而阅读推理小说可以提高逻辑思维能力及分析能力。在阅读的过程中，他发现推理小说具有很强的故事性，当侦探通过对蛛丝马迹的细致分析终于找出凶手的时候，他就会不自觉地把自己当成正义的化身，从而获得快乐和成就感。所以他一口气读了很多本，完全沉浸其中，甚至觉得班级里偶尔发生的丢书事件隐藏着巨大的阴谋。同学一个低头的动作也能让他不断地猜测，他的性格也变得多疑。原来如此！瑞瑞原本只是为了提高数学成绩而读那些书，不想却让缺乏自制力的他难以自拔。知道这种情况以后，我对瑞瑞也进行了思想上和阅读上的引导，建议他适当阅读科普作品和人物传记。我还和瑞瑞的父母商量，给孩子请一个数学辅导老师，并为孩子购买其他书籍。经过一段时间的调整，瑞瑞也有了一定的转变。

三要看房间的陈设。

学生的房间一般应该素雅，陈设尽量简单，对学习有影响的物品如孩子喜欢的玩具、游戏卡等应该尽量避免放在显眼的位置，以免分散注意力。有些女孩子特别喜欢布娃娃，有些男孩子则喜欢变形金刚等玩具，这无可厚非。但房间里如果摆放太多的玩具，或者把玩具放在学生抬头就可以看到、伸手就可以拿到的地方，对学习都是不利的。应该建议家长收起来。

班级里有个女孩子叫小宇，虽然已经有十五岁了，但言谈举止很是稚气，特别喜欢用奇怪的腔调说话，如"妈妈"叫成第三声、不该用叠词的时候用叠词，给人一种别扭的感觉，大家都不太喜欢和她交往，她也总是独来独往。我去她的房间坐了一会儿，发现墙壁上贴满了《蜡笔小新》的漫画，桌上堆着《蜡笔小新》的碟片，就连闹钟、笔筒也是"小新"

的造型。收集《蜡笔小新》的相关资料是她最大的课余爱好，已经有三年的时间。她经常边学习边翻阅动漫挂历，或者摆弄动漫闹钟。虽然我也知道她喜欢看这部动画片，但如果没有亲自去她的房间看，是无法想象她会喜欢到这种程度的。我和她讲了现实生活中人际交往的重要性，告诉她必须逐渐从虚幻的"小新世界"中走出来，在班级里结交更多的朋友。后来，我还特地让几个同学主动找她玩，给她介绍其他优秀的影视作品。经过一年多的调整，小宇拥有了几个好朋友，说话也"规范"了。

三、翻看孩子的影集，了解他们的成长过程

影集真实地再现了孩子成长的点滴和轨迹，要了解一个孩子成长的故事，翻看他的影集是个好办法。家访前，我会通知家长准备好孩子的纸质或电子照片，按照顺序整理好。家访时，我会请学生一张一张地给我看照片，并告诉我照片是在什么时间、什么地点拍摄的，在拍摄过程中有什么有趣的事情发生。在学生的介绍中，我了解到了他们的很多信息。当孩子忘记了拍摄照片的背景时，父母会及时补充，一家人沉浸在欢乐的回忆中，我也产生了很多感慨。学生小时候可爱的样子常常获得我由衷的夸奖，学生在旅游过程中和父母的合影会让我端详很久，我会借此契机对学生进行亲情和感恩教育。一本影集看完，学生从我这里得到的除了对他们的肯定，还有做人的道理。

通过看影集，还可以了解学生与父母之间的关系以及父母的教育习惯。有的孩子有很多一家人在一起的合影，幸福的笑容洋溢在全家人的脸上；有的孩子则不仅合影少，而且一个人的照片也很少，大致可以推测孩子家里缺少爱的氛围，或者父母由于为生计奔忙而忽视了孩子。记得那次去小晨家，我看到小晨的影集里都是和妈妈的合影，几乎没有和爸爸的合影。我很奇怪，一打听才知道，小晨的爸爸是开出租车的，特别内向、自卑，不喜欢外出，也不喜欢拍照；而小晨的妈妈是国企的负责人，比较强势，小晨的教育问题都是由妈妈负责的。小晨的个性比较优柔寡断，自己从不作决定，总是说要问过妈妈再说。我在家访之前一直找不到原因，看了影集以后才明白。

总之，班主任走进学生的房间能够获得许多无法在学校里获得的信息，也能够拉近师生之间的距离。但是也要注意必须征得学生和家长的同意，不可擅自进入。另外，进入学生的房间后要以欣赏的目光、肯定的口吻称赞学生的小天地，不可品头论足，也不可东张西望或者随意翻动学生的物品。尊重了学生的权利，我们也就赢得了学生的信赖，一定会给我们今后的工作带来便利。

第二节　用好微信群这把"双刃剑"

随着信息技术的发展和智能手机的不断普及，人与人之间的沟通交流趋于便捷，各种实时沟通的 App 更是在教育管理中发挥着重要作用。微信的出现为家校沟通提供了新的载体，成为班主任信息化管理的一种手段，能更好地促进家校的交流，让每位家长、每名学生都参与到班级管理中来，有效地提高班级管理水平。然而，在此过程中也出现了不少的问题，值得引起班主任们的关注。

一、微信群变成告状群

情境：星期一早上，班主任周老师一上班，语文课代表就告诉她，有五个同学没有交作业。数学课代表紧跟着进来，说试卷只交了 30 份，还差 15 份。当英语课代表把一摞薄薄的本子交给周老师时，她彻底绷不住了，拿起手机就在家长群发了一段话："孩子的教育是家校共同的责任，周末作业很多人都没有交，质量这么差，也不知道你们家长是怎么管的?"有家长立刻就在群里反驳："作业做得不好，应该怪你们呀，我们可没叫孩子偷懒!"还有家长说："是谁家的孩子作业没有交呢? 你把名字列出来，别把账算在我们头上。""这说明班级学风不好，你们要好好整顿整顿了。"群里乱成了一锅粥。

分析：周老师对微信群的功能认识不够到位，也缺乏一定的教育智慧和情绪管理素养，脾气控制不好的时候，就直接把微信群当作了告状群，这样不仅窄化了微信群的功能，也让微信群变了味。类似的现象还有：在班级群中点名批评孩子，公布成绩、排名等信息；每次只发布优等生或表现优异的学生的照片；过度依赖班级群，不愿面对面交流；不经考证随意转发网上信息，造成家长不必要的担心；向家长交代完就撒手不管等。这些简单粗暴的做法会造成教师和家长之间关系紧张、家校配合实施困难。所以，班主任应该理性平和，充分利用好微信群，成为微信群里的引领者和指导者。

二、微信群变成一言堂

情境：班主任王老师想给每个学生订一套班服，她在群里通知家长"鉴于学校大合唱的需要，我班需要订购班服，每套 100 元，请大家把钱转给家委会主任"。群里有几个家长表示"好的"，但是大部分家长并没有表态。虽然最后班服的钱也收齐了，但其实很多家长觉得是被迫缴费，内心对王老师充满了不满。

分析：王老师的说话方式是"发号施令"式的，这和她个人的修养和沟通水平不足有关，也说明她对家长缺乏起码的尊重。如果老师的主体性过于凸显、比较强势，而家长的主体性弱化，当老师的要求和家长的认识不同时，有些家长和老师之间就会产生误会或者冲突，带来严重的内部消耗，降低家校合作的效率。一般而言，家长都倾向于与老师维持良好关系，对学校事务表示积极支持。在此情况下，老师与家长之间的对话更多地呈现不平等性，只要老师在家长群发布通告和信息，家长就得表示赞同。这只是显示了家长的礼貌和迎合心理，没有反映出家长的真实想法和实际判断，家校之间就没有形成有意义的实际对话。所以，要杜绝命令式的交流方式。

三、微信群变成牢骚地

情境：年轻的班主任李老师把食堂的午餐拍了照，发在了班级群里，本来是一片好意，想让家长看看饭菜的质量和品种。结果，家长们就议论开了，"这大排也太小了吧""这肉看上去很硬的样子"。李老师急忙解释说是自己拍摄的角度不对。又有家长说："这芹菜都炒黄了，肯定不好吃。"李老师又忙不迭去解释，但还是有家长批评饭菜的质量，而没有人出来帮李老师说几句。李老师真是后悔自己发了照片。

分析：家长争先恐后地在群里发牢骚，主要原因是李老师尚未把班级群建设成一个充满正能量的空间，加上工作资历浅，缺乏威信，一旦有第一个家长跳出来发泄情绪，其他家长就会接连不断地跟上。牢骚带来的是负能量，破坏了微信群的生态环境，对家校合力的形成造成负面影响。所以，班主任要精心选择上传的内容，把介绍的语句和措辞尽量想周全，并且密切关注群里的"话题带头人"，平时寻找契机多与其沟通，对其给予充分的尊重，使其成为正向观点的带头人。

当然，微信群的利用还有其他一些问题：发的通知用语太官方，没有温度；仅仅是个别学生的问题，却在群里公开指出；通知某些家长时，不使用"@"符号；动不动让家长确认回复，影响消息接收等。这些问题使得本来可以成为班主任的工作好帮手的微信群成了一把"双刃剑"，既刺伤了家长，也刺伤了班主任自己。所以，我们应该充分认识清楚微信群的多种功能，发挥微信群的优势，依靠教育工作者的专业素养和家长进行有意义的互动。下面的这些小妙招可以帮助我们避开问题，取得好的效果。

妙招一：给把尺，让微信群规范起来。

没有规矩，不成方圆。要让微信群有章法，才能少产生问题。班主任可以先制定群规，对成员身份、成员昵称、交流时间、交流内容、交流规则、管理方式做出明确规定。比如，成员昵称为"孩子姓名＋身份＋电话"；交流时间主要为三个时段：早上7点到8点——班主任提醒孩子要带的物品以及其他注意事项；中午12点左右——分享孩子学习和活动的信息；晚上6点——提醒作业或者一天小结，分享家庭教育方面的文章。班主任不要随意在任何时间段发消息，以免造成家长的紧张；家长也不必时刻盯着手机。

微信群的交流内容是要重点规范的，可以分享的内容为新闻、气象、教育类的文章及有意义的小视频等，班主任和家长都可以发；杜绝打广告、发红包等与孩子的教育、成长无关的活动。把群规在微信群里公布之后，班主任应让家长们进行广泛而充分的讨论，最后形成简洁、明确、合理的微信群管理制度。如我班的《群规群约之家长篇》：

家校群是我们共同打造的网络公共空间，目的是进一步加强家校合作，共同促进孩子发展。维护好家校群的有序管理，文明交流、真诚沟通，是大家共同的责任。因此，请您遵守以下规则：

1. 遵守班级规则。群内实行家长实名制，未经班主任同意，不要擅自邀请学生、非本班家长等无关人员进群，群主有权踢出非本群人员。

2. 传播正面舆论。群内言论要践行社会主义核心价值观，未经考证的社会传闻不要在群内随意散布。杜绝发布商业广告、募捐、求转等与教育教学无关的信息。

3. 理性表达诉求。群内用语倡导理性温和，避免出现过激性、煽动性的言论，要尊重每个人合理的表达权利。如果老师与家长或家长与家长之间存在观点分歧，请勿在群里发生针锋相对的争论。若有疑问，请发私信互动解决问题、达成共识。

4. 欣赏他人孩子。群内成员都应以宽容、发展的眼光看待每个孩子的个性和成长，学会欣赏其他孩子的优点，以合适的方式为孩子们点赞。

5. 保护孩子隐私。对于孩子的个别私人问题，家长请和老师直接面对面沟通或电话联系，避免泄露孩子隐私。

6. 把控交流时间。群内主要发布教育教学等通知。若非十分紧急，在晚上9:00到次日早7:00的休息时间，尽量不在群里发消息。

除了给家长制定群规，还要给老师制定群规。只有家校都有群规可循且老师带头遵守，家长才会遵守群规。因此，对任课教师也应该制定相应的规则。如我班的《群规群约之教师篇》：

我们每个教师的一言一行都代表了学校的形象，在家校群与家长交流沟通的过程中，尤其要注意自身的师德形象和个人素养，切记要谨言慎行、用语文明、真诚交流、学会包容，共同维护好家校群的管理秩序。因此，特向教师们提出如下要求：

1. 发布合适信息。要有保护学生个人隐私的意识，不得在群里公布学生成绩分数或排名、批评个别学生。

2. 不吝表扬赞美。要在群里多作对共性问题的讨论和评价，多表扬、鼓励学生。表扬的涉及面尽可能广，角度尽可能多元。

3. 作业及时公示。严格遵守双减管理对作业的要求，控制作业量。家庭作业要当面布置，不让家长转告。不要求家长批改作业。

4. 坚持理性沟通。教师和家长因沟通不畅而引发负面情绪时，教师要先保持冷静，积极寻求合适的解决途径，切忌在群内发出泄私愤式的抱怨和进行有损教师形象的对话。

5. 杜绝无关信息。不发布与教育教学无关的任何信息，包括商业广告、募捐、筹款、红包等。

6. 把控交流时间。若非十分紧急，信息发布时间在晚上 9:00 前，从晚上 9:00 到次日早 7:00 尽量不在群里发消息。

希望教师们从自身做起、从一言一语做起，最大限度发挥好家校群的教育功能，确保家长对班级工作的理解和支持。

妙招二：加点糖，营造一个正能量场。

作为一个家校联系的公共平台，微信群里面发布的每一条信息都会引起家长的关注。除了发布通知，班主任还要利用好这个平台，经常发布有关学生点滴进步的消息。照片、奖状甚至打扫卫生时的侧影、听课时专注的表情，都可以分享。这也是家长们最喜欢浏览的内容。向家长发布信息时尽量采用公文体表述，言辞要得当，为家长发布言论做好正面引导与示范。

在分享照片时要兼顾集体，多传集体照、小组照、伙伴照，少传单人照。在微信群表扬孩子能放大表扬的效果，因为群里的几十位家长都看到了孩子的进步，既给孩子带来骄傲，也让家长更为自豪。除了及时表扬孩子的进步，对配合班主任工作的家长也要真诚地表达谢意和感恩，一方面能进一步融洽家校关系，另一方面能激励更多的家长支持班级工作。

要留心的是，每个班级群里总会有几个过于强势或者说话不注意的家长，一旦他们发出不当言论，部分不明事理的家长会附和。班主任如果没有及时看到、进行引导，就会造成"破窗效应"。可以私下请两位热心又通情达理的家长加以关注，一旦出现不利的舆论就通过发布别的话题转移家长们的注意力，或者单独电话通知班主任，让班主任能及时和这些家长沟通。

妙招三：添点彩，让微信群有阳光。

作为一款功能强大的社交软件，微信强调的是交互性。班主任可以在自己的朋友圈和班级群里分享积极向上的文章、图片、视频等，引起大家的关注和积极响应，潜移默化地影响学生和家长。

可以每天早上为家长发送语音版的新闻链接，供一家人边吃早饭边听新闻；也可以每天播放一首励志歌曲，发送一张写着励志话语的图片。节假日，可以把美好的祝福送给家长。气温降低了，可以提醒大家保暖。有好的心灵鸡汤，可以在群里分享。周末到了，可以推荐一些好看的电影。在每一条通知后加上"不用回复"，让家长不必纠结用"鲜花"还是"大拇指"来回复。

群主可以轮流担任，我在寒暑假期间就是让学生轮流担任群主。小群主每天要发送新闻、分享个人作息时间表、分享自己录制的"朗读者"音频、向同学们推荐好书、统计作业情况，每晚6点还要在群里总结一天的假期生活。虽然是假期，但是小群主们的管理使群里比平时更热闹，交流的内容也更丰富。当然，我们规定了孩子使用手机的具体时间段，家长也会做好监督工作。

妙招四：学技巧，让微信群使用更高效。

虽然微信群已成为家校之间日常沟通的纽带，但部分教师对其承担的功能依然缺乏足够的认识，就算是意识到微信群的作用，由于时间和精力有限，也显得力不从心。很多班主任只是把微信群当作信息发布工具，没有利用微信中的一些小程序和小技巧来提升沟通效率，比如使用金山文档在线编辑功能统计调查表、利用登记簿及时批改作业、采用接龙小程序了解参与人数等。

微信群还是一个学习资源管理平台。例如，通过开发微课程，任课教师可以将文本、音频、视频等多种材料用微信平台推送给学生。而学生只要拥有移动设备，就可以在家里充分学习，完成从预习、复习、检测到评价的完整的学习流程。

当然，除了以上四个小妙招，班主任还应该再建立几个基础的固定工作群，如住校生家长群、走读学生家长群、家委会群等，这样就能使得班级管理工作对象更集中、信息发布效率更高、管理起来更有针对性。

我们还要明确教育的边界，构建家校之间的良性交流机制。健康的家校共育秩序是有界限的：一方面，班主任承担的主要是学生在校期间的教育管理，不应该把属于家庭教育部分的内容转移到自己身上；另一方面，在实践中，某些班主任会把教学责任通过微信群转移给家长，随意弱化责任，让家长过度担责，这是需要避免的。

案例一：疫情防控下的心灵食谱

这段时间，我们都在面临着疫情的考验，学生们难免产生担心、迷茫、烦躁、恐慌等情绪。我想，班主任要呵护好学生，让他们感到安全、有信心。要引导学生感性投入、理性思考，使他们既能为抗击疫情做贡献，又能深入反思，获得生命的成长。

我为学生定时定量推送的充满正能量的资讯、文章、短视频，成为这个特殊时期学生的最佳"补品"。每天早中晚三个时段的推送，让学生拥有信息的宽度、情感的温度和思想的深度。

早餐：信心的能量棒

一日之计在于晨，每天早上七点，我为学生推送歌曲和有声资讯，让学生在聆听中汲取营养。这份"早餐"由"一歌一诗一新闻"组成。

歌曲的曲目由学生提供，《我相信》《萤火虫》《武汉伢》《武汉，你好！》等歌曲让学生沉浸在或优雅或昂扬的曲调中，振奋精神，开启美好的一天。

随后推送"冯站长之家"新闻，十五分钟左右的新闻播报涵盖了前一天发生的国内外大事，学生可以一边洗漱、吃早饭一边听新闻。

短诗围绕抗击疫情的主题，内蕴深刻，读后让人有醍醐灌顶之感。

"一歌一诗一新闻"拓展了信息的广度，正能量满满，为开启一天的学习生活奠定了基础。

午餐：暖心的热鸡汤

中午，我用主动"送餐"的方式推送抗疫一线的最新报道，如八十四岁的逆行者钟南山深入武汉抗疫一线的事迹，身患渐冻症、奋战在最前线的武汉金银潭医院院长张定宇的事迹，武汉的大学生在方舱医院刻苦学习的报道，还有全国各地奉献爱心、积极支援的视频。我尽量选择有小视频的报道，这样学生的接受度会更高。

我这样做，一是让学生感受到全国人民众志成城、抗击疫情的伟大精神，学习白衣天使的奉献精神；二是避免"共情伤害"，让学生看到抗疫的成果和希望！

"午餐"中，暖心的热鸡汤给予学生情感的温度和力量。

晚餐：思想的麻辣烫

晚饭过后，学生有一段相对较长的能自由支配的时间，可以静下心来阅读一些有深度的评论性文章，思考当下的热点问题。我会提前准备问题请学生思考，让他们把观点写入随笔中，培养学生分析问题、明辨是非的能力。

"晚餐"不同于"早餐"的美味丰富、不同于"午餐"的暖心励志，味道有点辣、有点麻，就像麻辣烫，但在学生的心灵成长中必不可少，它能让思想更有深度。

疫情防控之下，精选的适量的"心灵成长一日三餐"带给学生思想的力量。我相信，待春暖花开、疫情结束，孩子们就又长大了，而且会成长得很好！

第三节　当家长提出各种困惑

家庭教育是孩子身心健康成长的基础，它与学校教育、社会教育具有紧密的关系。特别是处于青春期的孩子具有较强的叛逆心理，此时科学合理的家庭教育方式对于他们的健康成长尤为重要。但在教育实践中，越来越多的家长表现出对教育孩子力不从心的焦虑，感到束手无策。

在多年与家长交流的经历中，我发现中学阶段家长提出的问题具有共性，可以从七个维度进行概括（表3-1）。

表3-1　七个维度的问题

序号	问题维度	问题举例
一	情绪管理	1. 孩子爱发脾气怎么办？ 2. 孩子不愿跟家长交流怎么办？ 3. 孩子考前容易焦虑怎么办？
二	生活态度	1. 孩子非名牌鞋不穿怎么办？ 2. 孩子总嫌饭菜不好吃、挑食怎么办？ 3. 孩子身上缺乏斗志怎么办？
三	学习态度	1. 孩子做作业总用手机查答案怎么办？ 2. 孩子做作业总是拖拖拉拉怎么办？ 3. 孩子不愿意自主学习怎么办？
四	学习方法	1. 孩子怎么也背不下来书怎么办？ 2. 孩子做题总是"粗心"怎么办？ 3. 孩子的错题集怎样才能发挥作用？
五	行为习惯	1. 孩子特别爱照镜子怎么办？ 2. 孩子总是迟到怎么办？ 3. 孩子在家学习总爱关门怎么办？

续表

序号	问题维度	问题举例
六	人际交往	1. 孩子与异性交往过密怎么办？ 2. 孩子与同伴交往不畅怎么办？ 3. 孩子很讨厌某位老师怎么办？
七	兴趣爱好	1. 孩子追玄幻小说影响了学习怎么办？ 2. 孩子倾囊为演员或歌手庆生怎么办？ 3. 孩子沉迷手机游戏怎么办？

青春期的学生面对成长的困惑和学习的压力，时常会产生一些问题，让家长束手无策。这时，一个经验丰富的班主任就可以帮助家长答疑解惑。应该先从孩子的身心特点和心理需求的角度分析问题出现的主客观原因，再提出有针对性的可操作的措施，并在后续过程中进一步指导。

班主任可以把对这些问题的理解以要点的形式摘录在笔记本里，经常翻阅、内化于心，一旦家长问起，就能游刃有余地进行回答。也可以将其制作成微课，以每周推送的方式向家长宣传正确的教育理念。在和家长的沟通中要多说暖心话，给家长以信心和支持，如这样的十句话：

（1）您的孩子最近表现总体很好，偶尔犯错是难免的，我们一起来慢慢引导他。

（2）这孩子很有进取心，老师和同学都很喜欢他，我们一起为他加油。

（3）谢谢您的理解，这是我们应该做的。

（4）我非常欣赏您这样热心直爽的家长，您的建议我会考虑的。

（5）您的孩子两天没来读书了，老师和同学都很想他，真希望早点见到他。

（6）您有这样的心情我很理解，等我们冷静下来再谈好吗？

（7）近期我们要举行大型活动，相信有您的参与支持，一定会使活动更精彩。

(8)您的孩子最近成绩有波动，请您不要担心，我会好好寻找原因，我们一起鼓励他。

(9)孩子的成长就如同花开，有早有晚，但不管早晚，我相信您的孩子一定会是美丽的花。

(10)感谢您对我的工作的支持，我遇到您这么好的家长真的很幸运。

当然，除了在态度和情感上给予家长支持，更重要的是在方法上对家长进行指导。下面我以三个维度为例，来说明班主任应该如何指导家长解决问题。

一、情绪管理

经常有家长提出疑问：处于青春期的孩子为什么不愿意与自己沟通了？班主任首先要引导家长分析其中的原因。

(一)青春期的年龄和心理特点导致孩子不愿意与家长沟通

孩子进入青春期以后，生理迅速发育，情绪发展剧烈多变，自我发展意识强烈，从行为表现到思想人格都有独立的要求。但是他们在情感上的依赖性依旧存在，导致了成熟和幼稚、服从和逆反、闭锁和开放在心理和行为上的矛盾和冲突。他们希望与家长沟通，但又觉得自己已经长大，在很多事情上应该由自己面对和承担责任。

(二)家长与孩子的沟通中的误区导致交流障碍

有些家长还没有学会与处于青春期的孩子沟通，沟通的内容不是以解决问题为中心，而是以自我为中心；沟通的方式不是倾听和协商，而是"真主意假商量"；沟通的目的不是关注孩子的成长，而是更好地控制孩子。如喜欢猜孩子的心事（"看你这个样子，肯定考砸了"），喜欢给孩子贴标签（"你真是太蠢了，竟然考出这样的成绩"），有时还妄下论断，所用的句式也往往非常强势，如"我觉得""我就知道"等。这样的沟通方式根本就是拒人于千里之外，使孩子不愿与他们沟通。

分析了原因，就要向家长提出建议。建议不需要很多，有针对性地提出行之有效的三条就足够了。

(三)三条建议给家长

建议一：洗耳恭听能让孩子敞开心扉。

倾听是沟通中最好的语言，但是很多家长往往不会倾听，认为孩子小、什么都不懂，只要听大人的话就可以了。因为大多数家长在小时候没有被他们的家长倾听过，所以他们做了家长也不会去倾听自己的孩子。青春期孩子非常希望得到别人的尊重，当家长能心平气和地倾听孩子的心声时，孩子将会敞开心扉，一吐为快。

建议二：亦长亦友能让孩子树立自信。

家长可以把孩子当成自己的朋友或同事一样去对待，让孩子感觉在地位上与家长是平等的。这样，孩子遇到什么问题都可以和家长商量。我们要做到既是孩子的家长，又是孩子的朋友。如果孩子的问题让我们感到生气，也不要急着去批评孩子，而是要像朋友一样给孩子提建议，孩子采纳与否的决定权在他们手上。

我们不要拿自己的孩子跟别的孩子比较，孩子是很反感家长总提起"别人家的孩子"的。美国诗人诺尔蒂写过这样一首哲理诗："挑剔中成长的孩子学会苛责；敌意中成长的孩子学会争斗；讥讽中成长的孩子学会羞怯；羞辱中成长的孩子学会自疚；宽容中成长的孩子学会忍让；鼓励中成长的孩子学会自信；赞扬中成长的孩子学会自赏；公平中成长的孩子学会正直；支持中成长的孩子学会信任；赞同中成长的孩子学会自爱；友爱中成长的孩子学会关爱。"表达的就是这个意思。

建议三，适当的空间能让孩子成长得更快。

青春期孩子的独立意识和自我意识增强，家长要学会放手，不要给孩子安排好一切，应该给孩子自主权。比如，几点去上学、今天穿哪双鞋子、和谁交朋友等，都应该让孩子自己来决定。最好让孩子参与到家庭决策中，积极采纳孩子不错的意见。同时，要保护孩子的隐私，一定要杜绝偷听孩子电话、偷看孩子日记、翻孩子聊天记录等行为，这是破坏孩子对家长的信任的首要因素。家长给予信任和空间，孩子才愿意沟通、才能成长得更快。

二、生活态度

青春期是价值观形成的关键时期，但是孩子涉世未深或者家长教育失当，会造成孩子对生活的本质理解肤浅，不懂得生活的艰辛或者情感淡漠，不懂得体贴父母等。当家长向你表达失落的心情时，你又该怎样来引导家长呢？还是和上文解决与孩子沟通方面问题的策略一样，先由外到内分析原因，再提出可行的建议。

下面，以"孩子非名牌鞋不穿怎么办"为例谈谈沟通的要点。

(一)三种原因来对应

孩子非名牌鞋不穿有三种原因：有的是受班级风气的影响，孩子觉得大家都穿名牌鞋，自己不穿会被同学看不起，这显示了一种攀比心理；有的是受家庭的影响，家长平时谈论名牌较多，说者无心、听者有意，使孩子受到暗示；还有的是为了追求自我存在感，孩子想以穿名牌鞋来赢得同学的羡慕和尊重。

(二)利害关系要讲清

不管出于什么原因，孩子非名牌鞋不穿都表明其认知产生了偏差，把个人的价值和穿名牌鞋挂起钩来。家长如果妥协，就会助长孩子的虚荣心。他们长大工作后一旦经济收入不高、无法达到高消费水平，就会产生巨大的心理落差，对其发展极为不利。所以，必须扭转孩子的错误认知，帮助孩子树立正确的消费观。

(三)三条建议解烦恼

建议一：和善而坚定。对孩子过分的要求，家长不要生气，更不要对孩子恶语相向，但是也不要轻易"投降"，要做到态度和善、原则坚定。有些家长看到孩子不吃饭、不学习，就在又气又怜、又恨又爱的心情下作出让步。这只能助长孩子的高消费心理和虚荣心，使孩子得寸进尺。家长们可以先采用缓兵之计，过几天再给孩子一个答复。在这几天里，一方面可以消除部分孩子因冲动而想买名牌鞋的欲望，另一方面也可以为家长寻找对策留出时间，能避免一气之下带来的针锋相对的家庭争吵。

建议二："小鬼当家"。孩子想买名牌鞋，很多时候是不知道家里的收入和开支情况，以为家里很有钱。如果让孩子做一天"一家之主"，让孩子了解家庭经济状况，指导孩子做资金使用预算，孩子就能体会到"不当家不知柴米贵"的含义。要让孩子知道，虽然自己买一双名牌鞋不会对家里的生活造成很大的影响，但是一家几口人如果都追求名牌鞋，将给家庭生活带来很大影响，甚至会使家庭入不敷出。

建议三：现身说法。如果父母收入水平较低，可以带孩子到自己工作的地方去参观一下，让孩子尝试做一天工作，使他们了解父母劳动的艰辛以及赚钱的不易。如果父母收入水平较高，可以和孩子讲一讲自己通过提升素质赢得别人的尊重的奋斗历程。教育孩子懂得节俭，对每一个家庭来说都非常重要。

您可以对孩子说：想买那双鞋，重点是因为我们喜欢，而不是因为贵，更不是因为别人都有。当你优秀到不需要一些外在的物品来支撑你的自信时，你会活得更快乐。您还可以对孩子说：有的人靠穿一双很贵的鞋来彰显自己的身价，而有的人穿上一双很普通的鞋后，那双鞋可能因此身价百倍。关键的不是鞋，是穿鞋的人。

总之，在平和理性的沟通氛围下，通过亲身体验让孩子感悟父母养家糊口的辛苦，调动孩子自己的力量去改正问题，再辅以父母的现身说法和对人生哲理的讲述，会让孩子获得思想的启迪和心灵的成长。当孩子一再伸手时，希望家长们记住：真正的爱不是"再穷不能穷孩子"，而是让孩子学会有节制地消费、懂得感恩。

三、学习态度

到了初中，由于学业压力的提高和学习难度的增加，在学习上出现问题的孩子越来越多，有些是学不懂、有些是不想学、有些是容易满足，原因非常复杂。班主任应该根据具体情况加以分析，再进行巧妙的引导。

　　总之，在回答家长的疑惑时，一定要先分析问题的原因和本质以及事情的利害得失，再从多个角度提出解决问题的策略供家长选择。只要真心实意地为学生考虑，家长就会一直是班主任的同盟军。

第四章

齐飞——在雁行
小队中成长

第一节　雁行小队的跋涉之路

雁行小队是借鉴"雁阵效应"成立的组织形式，班主任根据性别、成绩、性格特点等对班级学生进行分组，使学生在老师和家长的指导下定期开展学习和实践活动。它具有四个特性：一是合作的内容不再局限于学习，而是学习、实践、沟通等的全方位合作；二是活动的场所不局限于学校，而是延伸到家庭和社会；三是参与的人员除了学生，还有老师和家长；四是追求的效果不仅是为了提高学生的学习成绩，更是为了全面育人，提高学生的合作精神和沟通能力。

一、诞生缘起

成立雁行小队的初衷刚开始只是为了单纯地提高学习成绩，但是随着探索的深入，雁行小队的育人功能开始显现，释放出了多彩的活力，让我感受到了改革的价值。

我工作的地方是一个海岛，居民以渔民和外来民工为主，家长多从事捕捞和养殖业，勤劳能干、民风淳朴，但文化水平比不上大城市的家长，对子女教育的重视程度相对较低，对子女学业的指导能力也显得不足。"离岛、微城、慢生活"的氛围和远离大陆的相对封闭的环境，也使得部分学生在学习上缺乏竞争意识和紧迫感。如何改变学生学习的现状，提高学生学习的积极性？我进行了一些探索。我始终认为，靠学生个人自觉自愿的学习是难以提高成绩的。于是，我在刚开始引入了竞争的机制。

(一)第一阶段：单打独斗、竞争、"一挑一"

针对部分海岛的学生缺乏进取心、容易满足的特点，我采用了"一挑一"的竞争机制，想通过一对一的竞争方式给学生一些压力和动力。考虑到我班男生在学习的认真勤奋方面弱于女生，我首先采取的是男女一对一比赛形式：每名男生选择一名比自己优秀的女生，发出挑战豪言，制订挑战计划。一个学期后，改变竞争方式，不规定只采取男女挑战的形式，可以选择比自己优秀的学生，也可以对上学期的自己进行挑战。班级专门设计了一个"竞争栏"，公布了每位挑战者的宣言并张贴了表格，为每次挑战的胜利者贴上一颗闪亮的红星。

刚开始，这样的竞争机制取得了一定的成绩，一些容易满足的学生也有了学习的劲头。但时间一长，就出现了两个明显的问题：一是有部分学生觉得学习就是为了战胜别人，一旦赢过几次，就开始松懈；有的学生输的次数多了，也对这种形式产生了无所谓的态度，班级总体的成绩并没有上升。二是班级同学之间的关系越来越紧张，因为经常要分个谁赢谁输，有些好朋友甚至变成了"仇敌"。看来"一挑一"的竞争机制弊端不少，得重新制订办法。

（二）第二阶段：学习小组、合作、"三帮一"

"一挑一"被淘汰后，我开始尝试建立学习小组。一方面，是为了让同学们能够相互探讨、取长补短；另一方面，考虑到班级总分与平均分较低的原因是学困生比例较高，学习小组的形式能够让其得到更多的帮助。当然，当时的目的仅局限于学习方面。在具体的操作中，每个学习小组由四个同学组成，四人学业水平不一，其中有一个是特别需要帮助的，我指定了组内成绩最好的同学担任组长。共同学习的时间是每天下午的第四节自修课，组员们轻声讨论，耐心指导需要帮助的同学，扮演起了小老师的角色。每次期中、期末考试结束后，根据受助学生的进步情况评选优秀学习小组。

学习小组的成立给了需要帮助的同学力量，对他们树立学习信心、提高学习成绩起到了一定的作用。但这样的帮助仅仅局限在学习上，在"三帮一"的过程中，由于受交流的时间、地点以及内容的限制，组员对改变需要帮助的同学的不良习惯、提高他们的思想素质束手无策。另外，由于总体竞争机制的缺乏，班级的核心竞争力不强，对班风的整体提升造成影响。

(三)第三阶段：雁行小队、竞争+合作、"六促六"

在反思了以上两个阶段的做法的不足后，我决定还是应该把竞争和合作结合起来。在一次去浙江大学做访问学者的培训中，我第一次接触到了"雁阵效应"，并且为这一效应深深吸引。于是，我在班级里组建了第一批雁行小队，六人为主、定期学习、定期活动、互帮互助、捆绑式考核。具体来说，就是除了平时的互助，每周日下午小队必须一起学习和活动。在考核时，不具体考核某一个同学，而是考核整个小队一个月来的行为规范情况和取得的成绩。

成立雁行小队后，竞争和合作机制被激活，班风积极上进，学生团结融洽。但还是存在两个不足：一是小队成员开展学习活动的过程中缺乏监督，活动的质量不高。二是学生从小队中获得的更多的是简单的快乐，成长过程中需要的生活技能、核心素养等还是不多。于是，就有了升级版的雁行小队。

(四)第四阶段：雁行小队升级版、竞争+合作+分享、"十二助六"

为了提高雁行小队活动的实效性，也为了让学生在小队活动中有更多的收获，从2007年开始，我把家长引入到小队活动中，教给学生做人的道理和生活的技能。六人小组的雁行小队就有十二位家长参与活动，初步形成"十二助六"的格局。活动的内容更丰富，实效性更强。还增加了家长评价和周一反馈分享机制，让活动产生辐射效应。

二、改革理念

教育的核心理念是"以人为本"，要根据学生的心理和年龄特点开展学生喜欢的、适合学生的教育活动，让学生在团队中成长。雁行小队这种育人模式是根据"雁阵效应"而设立的，"雁阵效应"是指当野雁飞往南方过冬时，飞行队伍呈"V"字，飞行距离可增加70%。当带头的领导者感到疲倦时，后面的跟随者可立刻补上；当有成员受伤时，便会有一至两只成员陪伴在侧，直至其康复后再跟上队伍为止。此即为最佳团队。我们就是要培养最佳团队，让学生朝着同一个方向前进。雁行小队完全符合下面的三个常识：

(一)互助才能共赢

雁行小队就是最好的互助组织。我所教的学生大都是独生子女，他们在成长的家庭环境中缺少伙伴，在沟通能力和合作精神上难免有欠缺。因此，创设一种机制来改变独生子女的种种不足是当务之急。初中生又正好处于青春期，身心发育较快，部分学生在自身生理、心理的快速变化中感情丰富、兴趣广泛，好奇和求异心强。如在短时间内放松学习，学习成绩就由优秀变为一般、由一般变为差劣，产生明显的两极分化现象，需要借助他人的力量。青春期孩子与父母的距离增大、跟同伴的吸引力增加，因此完全可以依靠同伴的力量给学生以影响，学生与同伴在互相影响下共同成长、获得双赢。

(二)联合产生合力

一位教育家说过，如果没有家庭的教育，那么不管学校的教育付出多大的努力，都收不到完满的效果。通过家校合作，学生可以更广泛地接触复杂的社会，形成未来社会生存所需要的能力与全方位的素质。家长和教师之间也增进了了解和沟通，更加互信。教师、家长、学生三者一旦形成合力，对学生的成长大有益处。

(三)素养来自实践

最好的教育手段并不是说教，而是学生的体验和实践。核心素养需要在深度学习中形成，知识必须应用到实践中才能得到巩固。雁行小队中丰富多彩的活动能够为学生提供多方面的体验和实践的机会，让他们在活动中成长、在实践中进步。

三、雁行小队的基本程序

在推行雁行小队的实践中，我提出了一套操作、管理、评价的模式，经过不断总结、提炼，形成了较为完善的基本程序。

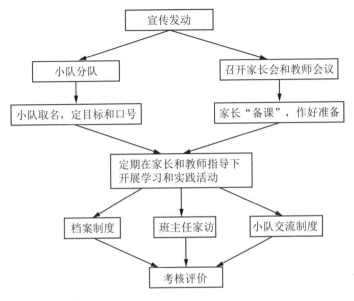

图 4-1 雁行小队基本程序图

为了能够让师生和家长了解雁行小队成立的初衷，为下一步活动的开展打下扎实的基础，我分别召开了学生、家长、任课教师三个会议，说明组建雁行小队的目的和意义，明确他们各自的职责和分工，然后有条不紊地分步推进。

(一)合理分队并进行组织建设

把全班同学分成若干个学业水平、多方能力都比较均衡的小队，是非常考验班主任智慧的。我会按照学生的性别、成绩、是否住校等条件合理搭配，一般每队 6 人左右。队员中，既有成绩优秀的也有学困生，既有擅长文科的也有擅长理科的，既有活泼开朗的也有深沉内敛的。小队中的每个队员担任一门课的课代表。如小文同学语文成绩好，就担任小队语文课代表；小欢同学英语成绩好，就担任小队英语课代表。小队中的课代表除了收作业，还要负责检查相应的背诵、订正等，这样就能做到"人人课代表，事事有人管"。

为了提高小队的凝聚力，首先要进行小队的文化建设：给小队取个既好听又有意义的名字，提出小队的口号，设计队徽，制订小队目标。在队员的献计献策下形成各小队独有的文化符号，并在班内展示出来，让同学们能够认同和内化。

(二)指导家长并开展各类活动

活动开展前，要召开家长会，向家长阐述雁行小队的成立原因，公布小队的情况，请各小队上台亮相。并要求家长提前"备课"，在雁行小队每逢双周周日下午活动时，要安排时间做好两件事情：一是在队员学习时给予指导和监督，二是教队员学习一项技能。

在活动中，家长有三个职责。一是了解职责。要认识自己的子女所在的小队的其他队员，知道他们的姓名、性格、特长和基本学习情况，以及对小队活动的期望。还要了解小队的目标、口号、计划，为下一步的指导作准备。二是指导职责。家长根据孩子的要求和自己的特长认真"备课"，也可以邀请有特长的亲戚参与，在活动过程中要讲解步骤、亲自示范、纠正不足，直到队员学会。在教孩子生活技巧的同时，家长还可以讲述过去的生活或者自己的成才经历，做到对孩子的技能和品德方面进行双重指导。三是评价职责。家长要对活动做出口头和书面的评价。口头评价是在活动结束后对活动的成效进行总结，对表现特别突出的队员予以表扬，对不足之处提出意见。还要填写好书面评价表，供班级评选优秀雁行小队时参考。

在家长的有力指导下，活动如期开展了。围绕让孩子们拓展视野、增长见识、动手动脑，提高综合素质的目的，雁行小队因地制宜地开展了各类有意义的活动。一是义工献爱心活动。同学们去敬老院看望孤寡老人，去海边开展净滩活动，给在酷暑中值班的交警送矿泉水等。二是学科拓展活动。同学们去自来水厂学习水质检测，去海水淡化车间研究淡化海水的过程，去海洋科技研究所探究贻贝育苗技术等。三是劳动实践活动。同学们去农田帮家长拔草、种菜、施肥，收获肥硕的紫薯，和渔民一起拉网捕鱼，以及在家里学习烹制各种美食。四是参观活动。同学们去参观家乡的民俗风情馆、海洋生物标本基地等景点，看海水、观日出、游沙滩，领略家乡的美景。

(三)分享收获并进行有效评价

为了让更多的学生了解其他小队的活动，分享快乐、吸取经验，我们建立了交流汇报制度。活动结束的第二天是周一，有班会课。在班会课上，每个小队派代表以照片、幻灯片、视频等形式介绍各自的活动特色。大家分享了每个小队的快乐经历，也为自己下一期的活动改进打下了基础。同时，队员轮流出队报，每两周更新一次，报道所举行的活动和在活动中的收获。

在大雁飞行的过程中，队伍后面的大雁会不断地发出声音来支持前面的伙伴，这使我们必须确定从背后传来的是鼓励。我们抓住一切机会，让学生获得鼓励。在评价阶段，我们要做好以下三件事情：

一是评选特色雁行小队。奖项有"学习奖""规范奖""活力奖""进步奖""温暖奖"等，并且有不同的评价标准。只有"学习奖"和"规范奖"是由考试成绩和德育百分制决定的，其他奖项都听取了家长的意见，参考了交流过程中的图文资料。每个小队都有不同的奖项，在期中和期末的总结大会上进行表彰。

二是为获奖小队写颁奖词。每个学生选择为一个特色小队写颁奖词，并选出最好的颁奖词打印在奖状上，颁发给学生。

三是评选优秀指导家长。根据家长填写书面评价表的情况，结合周一班会课上小队的反馈，由学生选出活动组织最周密、成效最显著的家长，在家长会上予以表彰。

经过十多年的探索，雁行小队形成了比较完善的操作策略和制度，丰富了学生的课外生活，加强了家校配合的力度，提高了学生的核心素养。

第二节　雁行小队的实践风采

《中小学德育工作指南》(以下简称《指南》)指出了初中学段的德育目

标：教育和引导学生热爱中国共产党、热爱祖国、热爱人民，认同中华文化，继承革命传统，弘扬民族精神，理解基本的社会规范和道德规范，树立规则意识、法治观念，培养公民意识，掌握促进身心健康发展的途径和方法，养成热爱劳动、自主自立、意志坚强的生活态度，形成尊重他人、乐于助人、善于合作、勇于创新等良好品质。

这些德育目标的实现要靠大量的实践类活动来达成，而雁行小队丰富的活动形式和实践载体为培养学生的良好品质提供了平台。在小队活动开展过程中，家长的全员参与和认真准备，保证了活动的质量和意义。而且同一个小队在一个学期中的活动不能重复，也确保了活动的多样性，让学生可以在奉献爱心、动手实践、创造发明、生活技能提升等多方面获得锻炼，从而实现育人目标。

一、在奉献中培养志愿者精神

相比学生个人奉献爱心，雁行小队的奉献爱心活动由于大家群策群力，效果更突出、形式更多样、受益面更广。和全班性的活动相比，小队活动更加灵活、更容易安排，也能提高活动的频率。每一项活动都能让学生从不同侧面了解社会各个层面的人们的生活和工作状态，培养善良、关爱他人的品质。

(一)亲近孤寡老人

"老吾老以及人之老，幼吾幼以及人之幼"是中华民族的美德，雁行小队经常开展慰问老人的活动，我们要求小队活动前要根据老人的需要进行精心的准备。队员们根据老人的喜好编排了节目，有的学唱越剧、有的编演小品，还购买了香蕉、橘子等水果带到敬老院。他们为老人表演节目、捶背，听老人讲儿孙的故事。孩子们就像老人的亲孙辈那样，如同一道阳光照进老人们的心田。有一些孤寡老人的家在较偏远的地方，逢年过节，队员都去老人家中打扫卫生、陪老人聊天。学校曾经收到老人的感谢信，感谢学校培养了这么有爱心的优秀学子。

(二)慰问一线工作者

在炎炎烈日下或者凛冽寒风中，总有一群人坚守在岗位，他们是清洁工、交警、外卖小哥等。队员们用自己节省下来的零花钱购买了水和食品，送去了自己的一点心意。不管是夏日里的一杯绿豆汤、一瓶水，还是冬日里冒着热气的刚出锅的包子，都给一线工作者带去了关心和爱。队员们还加入到"城市美容师"的队伍中，打扫街道，体会清洁工的辛苦。

(三)做美丽小义工

《指南》指出，学生的责任意识体现在对大自然的态度上，如了解生态环境问题、树立环保意识、主动参与力所能及的环境保护活动等。我县地处海岛，有广阔的沙滩，但是沙滩上经常会冲上垃圾。学生们就带上工具去沙滩清除垃圾，还沙滩以美丽。在全县创建卫生城市的过程中，同学们还主动加入"一天一点爱""岛城志愿者"等组织，一起去捡拾烟蒂，劝说游客保持卫生，为创卫工作做贡献。

《指南》还提出，培养学生的责任意识就是要引导学生除了对自身负责外，还必须对其所处的集体和社会负责，正确处理与他人、集体、社会的关系，有自觉承担相应社会责任、任务和使命的意识，培养志愿服务精神。雁行小队经常开展的志愿活动就能有效落实这一育人目标。三年里，每个孩子经历了十多次志愿活动，较好地培养了他们的责任感和爱心。

二、在劳动中学到多种生活技能

劳动是美好生活的基础，能够给人带来价值感和成就感。培养学生的劳动意识，使他们具有积极的劳动态度、良好的劳动习惯和动手操作的能力，并掌握一定的劳动技能，是一项重要的任务。小队活动通过多种劳动形式让学生动手操作，提升生活技能，提高生活自理能力。下面我们看看队员们经过三年的小队活动，都学到了哪些技能。

(一)美食厨房秀

盘点与美食有关的小队活动，真是品种繁多、中西合璧，既有面点制作、蛋糕烘焙等，又有菜肴烹饪、特色菜制作等。队员们尝试过亲手包饺子，做过鸡蛋饼、南瓜饼、彩色汤圆、西米露、蛋卷等相对比较容易的食品，还有奶油蛋糕、绿豆糕、糯米蛋等难度较高的食品，都比较成功。在特色菜制作上，队员们学得最多的是烧制家乡的海鲜，像葱油螃蟹、目鱼大烤、红烧带鱼等菜品烹饪得色香味俱全。在烹饪家乡菜的过程中，他们深切地懂得了味道里蕴含的乡情和民俗。

（二）工艺品小达人

工艺品制作是一种创造性的劳动，家长中不乏能工巧匠，他们在小队活动中教给孩子们各种手工制作技术。家长教剪纸，一张张充满渔乡风情的作品从孩子们手中诞生了；家长教做船模，绿眉毛船、机帆船、游轮等模型经过队员们的合作，闪亮登场了；家长教做工艺花，用废弃的丝袜、报纸、布头等为原料巧妙设计，牡丹花、月季花、百合花等栩栩如生地展现在眼前。还有自制手环、在文化衫上作画及报纸时装、珠子纸巾盒制作等活动，学生的智慧就在这样的创造性劳动中增长。

（三）生产劳动能手

小队活动中，常常会结合生产劳动拓展学生的课外知识。在家长的带领下，队员去田间地头拔杂草、挖红薯、摘扁豆、使用推土机等，在汗流浃背中体验农民的辛劳、掌握基本的生产技能。队员还向家长学习打渔绳结以及织网和补网的技术，在企业里参与鱼的冷冻、螃蟹的分装等工作。在生产劳动中，队员看到了父母工作的辛苦与挣钱养家的不易，也掌握了一些生活、生产技能。

我们知道，在学生道德品质发展过程中，知行合一一直是人们判断道德教育成效的一个标准，也是学生最难以做到的。大家都明白劳动的重要性，但是光有认知是远远不够的。学生的道德品质是他们在对生活的认识、体验和实践的过程中逐步形成的，劳动素养的形成也是这样。雁行小队为知行合一搭建了多方平台。

三、在合作探究中拓展知识的广度

中国学生发展核心素养中有关"科学精神"的要求之一是勇于探究：

具有好奇心和想象力；能不畏困难，有坚持不懈的探索精神；能大胆尝试，积极寻求有效的问题解决方法等。书本上的知识毕竟是有限的，通过小队活动，我们开辟了第二课堂，让孩子们获得了更多的宝贵知识，培养了好奇心，提高了科学素养。

(一)探索海洋生物的奥秘

大海蕴藏着无穷无尽的宝藏和奥秘，从海水的利用到海洋风能的开发，再到鱼类和贻贝的养殖，许多具有高科技含量的知识等待队员们去探索。队员们在海洋研究所用显微镜观察贻贝苗的形态，在海水淡化企业听技术人员讲解过滤膜的使用要领，在海洋博物馆了解海上风力发电的原理，听老渔民介绍各种鱼类的生活习性和赤潮形成的原因等。凡是和海洋有关的内容，都会激发队员的探究热情，因为他们都是大海的孩子，从小在海边长大，对大海有着独特的感情。只有现在有了研究的兴趣，将来才能更好地建设自己的家乡。

(二)探索大自然的奥秘

队员们对科学知识充满好奇：风雨雷电是如何形成的？气象站的学习正等待着大家。山泉水里到底有什么元素？是否一定比自来水更有营养？卫生监督所的水质检测小培训正等待着大家。台风的破坏力为什么这么大？家长会用非常专业的卫星云图给大家解读。

(三)科学小实验让学习更接地气

初中科学中的物理和化学知识的学习都需要用实验来印证和加强，学生在校做实验的时间往往不足，而一个人在家里做实验时，不懂或者错误的地方又没有同学指出。雁行小队的五六个伙伴在一起做家庭实验，人员规模非常合适。队员们操作了氧气的制取，用空饮料瓶制作了水火箭，学习了家庭灭火器的使用，把小灯泡接亮，拿 pH 试纸去试醋和苏打水的 pH 值等。在操作、纠正、质疑、修正的过程中，队员们对书本上的科学知识有了更加直观的认识，把书本知识和生活实际紧密联系了起来。

中国学生发展核心素养的"科学精神"是学生在学习、理解、运用科学知识和技能等方面所形成的价值标准、思维方式和行为表现。具体包括理性思维、批判质疑、勇于探究等基本要点。雁行小队开展的各类学科拓展活动就是致力于学生的价值标准和思维方式的培养，进而让学生爱上实验、爱上科学。

四、在参观走访中激发自豪情怀

《指南》认为，社会主义核心价值观教育是德育最重要的内容，其中初中阶段的主要内容是：通过一系列真实数据和案例，了解我国人民生活水平不断提高、文明不断进步、在世界民族之林的地位不断提升的事实。雁行小队的参观活动遍及我县的每个角落，海岛虽小，但从小小海岛的变化可以看到整个国家的发展，也进一步激发了学生对家乡的热爱和对祖国取得的成就的自豪。

（一）参观重大项目，看经济发展

近些年，在国家大发展背景的推动下，我县充分利用港口、旅游、渔业三大产业发展经济，引进了许多重大的项目，这些项目的落地成为我县的主要税收来源。在家长的带领下，队员们参观了亚洲最大的矿石中转基地马迹山港。看到万吨巨轮停靠在码头，小山似的红色矿石在输送带上移动、被转移到巨轮上，队员们感到震撼和振奋。他们又乘船来到洋山港，通过这个规模世界第二的集装箱码头的全自动先进科技，深深感受到祖国的巨大变化和日益强大。

（二）参观民生项目，看社会进步

家乡大发展，群众最受益。一大批民生项目的实施，让群众老有所养、病有所医，生活品质大大提升。队员们先后参观了乡镇体育活动中心、党群服务中心、电视转播台，以及新建的幼儿园、崭新的图书馆等，看到了当地政府"一切为了人民"理念的落地，更加相信海岛百姓对美好生活的渴望在这里都能实现。

(三)走访旅游景区,看文化繁荣

我的家乡是国家级的列岛名胜旅游区,以"碧海蓝天,金沙奇礁"出名,每年夏天都吸引许多游客前来旅游。学生虽然生活在海岛上,但是常常"不识庐山真面目",很少会去欣赏海岛的美丽。小队活动中,家长带孩子们登高看海,观看红日喷薄而出的壮丽景象,领略"海纳百川,有容乃大"的内涵;在海里游泳,在沙滩上放风筝、做沙雕,享受大海带来的乐趣;去小岛看百年灯塔,参观特色渔家民宿,欣赏景区墙面上的渔民画,学唱渔民号子等,感受海洋文化气息。大海豪迈、博大的风格浸润孩子的成长,他们更加胸怀博大、志向高远。

可以说,雁行小队活动的开展是有计划、有目的的,能够紧紧围绕学生的核心素养和关键能力的培养,让学生在体验中感悟、在合作中共生、在实践中成长。

第三节　雁行小队的青春纪念册

"雁行小队的德育运行模式"经过层层遴选,成功入选浙江省"转换育人模式"资源建设项目库,跻身第二轮省农远工程十大素质教育案例之列(全省个人项目只有两项)。在浙江省教育厅完成论坛拍摄,历时半年完成专题片制作。雁行小队实施以来,生生相长的育人策略有了可依靠的载体,专题片还获得了第九届中国中小学校园电视金奖。学校对雁行班的评价是:这是一个朝气蓬勃、有着很强凝聚力的集体,全班同学亲如一家、彼此尊重;其乐融融的学习环境、勤奋浓郁的学习氛围,体现了这个班集体团结向上的精神风貌。雁行小队活动为学生留下了宝贵的青春记忆。

(一)采访实录

下面来看看班级小记者对雁行小队活动的采访实录吧。小记者先后采访了多位同学,想知道他们在活动中最难忘的事情和受到的启发。

问题一：请问，在多次活动中，你印象最深的是哪一次？为什么？

学生 1：我最难忘的是学习上的互助，大家在一起讨论近期收集的易错题和难题，思维在队员们激烈的争论中擦出智慧的火花，知识在讨论与辨析中得到巩固。更重要的是，班级里一些不爱学习的同学也从局外人变成了参与者，同伴的帮助消除了他们的自卑和恐惧。他们从队员那里获得的知识有时比从老师那里获得的更多，对知识也理解得更透彻、掌握得更牢固。我对学习的兴趣也是从那时起逐渐提高的。

学生 2：我记忆中最不能忘怀的活动是去敬老院。我们和老人聊天、给老人表演节目、照顾身体不便的老人。我们就像老人的亲孙子亲孙女一样，给爷爷奶奶们带去了快乐。虽然在敬老院里只有短短的几小时，但让我们深刻地体会到了关爱老人、体贴老人的重要性，理解了"老吾老以及人之老"的真正含义，在亲身实践中培养了孝心、爱心、责任心。

学生 3：我印象最深的是在家长的指导下，大家一起学习心肺复苏技术。我们认真聆听医生的讲解，细心观察动作要领，基本掌握了对溺水、昏厥的病人的抢救方法。我们在学习时全身心投入，按压心脏、人工呼吸，好像面对的不是模型，而是一个个正在等待抢救的病人，连医生也夸我们动作规范、姿势标准，俨然一个个救死扶伤的医生。这次活动让我深切地体会到医生救死扶伤的高尚医德，一颗理想的种子深深地埋在了我的心中，那就是现在好好学习，长大成为一名光荣的白衣天使，为群众解除病痛。

学生 4：我最难忘的是参加了海钓活动。那次活动中，观海水、赏海景、钓海鱼带给我们新鲜的感受，也增加了我们对家乡的热爱。钩鱼饵、甩长线、放鱼竿，我们都做得有板有眼。大海没有辜负我们，一条条活蹦乱跳的鱼就是最好的馈赠，那次我们钓到了十多条鱼呢。

学生 5：那次去冷冻厂劳动的场景至今令人难忘，我一直都不知道新鲜鱼蟹是怎样从海里运上来的，又是如何保鲜的。我们去了码头和船上，参观了螃蟹从收购到分装再到冰冻或暂养的全过程。我们还在家长的指导下从事生产劳动：把整筐的螃蟹放入水池中，调试海水的温度，进行冷冻鱼生产的流水线作业，体验着参与的快乐。通过活动，我们能够分清螃蟹的肥瘦和公母，知道了养殖活蟹需要的海水的温度和盐度，了解了目前海产品的价格和销量，学到了在书本中没有学到的知识。

学生6：我们去沙滩那次最有趣。来到沙滩，我们当起了环保小卫士，把沙滩上的垃圾捡得干干净净。那天，海风轻轻吹拂，海浪缓缓涌来，我们一起在沙滩上赛跑、一起在沙滩上作画、一起面对大海喊出自己的心愿：雁行小队，梦随我飞，让我们飞得更高！

学生7：那个周日的清晨，我们迎着晨光，沐浴着微风，走进新农村。在家长的指导下，我们学习辨别各种蔬菜，了解除草、翻土等种庄稼的基本技能。亲近土地、亲身实践，拔杂草、灌溉白菜、采摘成熟的扁豆、收获肥硕的紫薯。在实践中，我们不仅深切地领会了"谁知盘中餐，粒粒皆辛苦"的道理，也感悟到了只有辛勤耕耘才会有丰硕成果的人生经验。我们唱着队歌满载而归，劳动的快乐充满了我们的心。

学生8：学剪纸让我记忆犹新。那次雁行小队活动，家长邀请了我县民间剪纸艺术家陈老师前来助阵。我们从最基本的图形开始学起，折纸、勾线、剪裁，有模有样。一个个"囍"字、一条条金鱼、一朵朵鲜花，就是我们最好的成果。队员们的作品还参加了学校科技艺术节的比赛，获得了一等奖。

学生9：小伙伴们一起织渔网和补渔网可有趣了。我们学着家长的样子一丝不苟地把线塞入梭子，梭子穿上了一件绿色的"皮袄"；我们还仔细观察家长补渔网的动作，手握梭子，穿拉之间，一个个"小网师"诞生了。补好的渔网走进我们的视野，多么像层层的波浪呀！那地上的渔网，一个网眼儿连着一个网眼儿，多么像一片片沸腾的海域呀！我们懂得我们是大海的孩子，渔船、渔网永远是我们记忆中最重要的元素。

学生10：那次先听家长介绍了邮政工作的内容和意义，讲解了寄信、寄包裹、汇款的规则，还倡议同学们省下零用钱，为山区的孩子献出一片爱心。我们拿出自己平时省下来的二百元钱，为新疆维吾尔自治区阿勒泰地区吉木乃县的阿亚古孜寄出了一个爱心包裹。我们小队还在中国地图上找寻着这个偏远的小城。后来，范老师从新疆旅游回来，给我们带来了那里的照片，我们对这个素不相识的新疆小姑娘更有了亲近感。

问题二：通过雁行小队活动，你觉得自己有什么变化？

学生11：一年多的小队活动，我最大的收获就是不再害怕学习和考试。小学时，我的成绩不理想；到了初中，我更加害怕学科的艰深，产生了厌学的情绪。后来我加入了雁行小队，小队的其他五位成员给了我很大的帮助，我不再感到孤单和无助，有了信心。现在我的成绩比小学时进步多了，基本能够跟上老师的教学进度，我很感谢小队的伙伴们。

学生12：我觉得我通过小队活动成长了许多。我的性格比较内向，朋友也很少，不喜欢和他人交往。经过多次小队活动，我体会到了交往的乐趣。现在我的性格越来越开朗，朋友越来越多，也感到越来越快乐了。

学生13：以前我是一个除了学习之外什么都不会干的人，小队活动教会了我很多技能——包饺子，做汤圆，织渔网。我现在可能干了，爸爸妈妈看到我的变化都特别高兴。

学生14：通过小队活动，我觉得自信心越来越强。是班级给予我力量，我越来越热爱雁行班，为自己能够成为这个班级的一员而感到骄傲。同时，我觉得我们班的凝聚力很强。对每次比赛和活动，我都充满了信心。

问题三：采访家长——您怎么看待雁行小队活动？

家长1：我觉得雁行小队活动形式很新颖，也很有实效。我的孩子性格比较内向，我一开始一直担心孩子在学校里会没有朋友、会不快乐。后来，参与他们的几次活动之后，我觉得孩子跟小队同学好得就像兄弟姐妹一样，人也变得很快乐、很懂事，这让我既高兴又欣慰。很感谢范老师在繁忙的教育教学工作之余能精心设计这个活动，祝愿雁行小队活动能越搞越精彩！

家长 2：我觉得雁行小队活动非常好，孩子们来我家，让家里充满欢声笑语，我作为家长也很开心。参加活动，不但培养了孩子们的团队合作精神和动手能力、提高了他们的综合素质，对我们家长也有促进作用。活动增加了家长与家长之间、家长与孩子之间的沟通与交流，培养了兴趣，提高了家长的指导能力。我希望孩子们能经常来我家。

问题四：采访校长——您认为雁行小队活动对学生的成长有什么意义呢？

一直以来，我校都非常重视德育的创新工作、重视学生综合素质的培养。学校创设了班级自主创优项目这个创新平台，鼓励班主任大胆探索育人新模式、新途径，经过这几年的实践，取得了一定成效。其中，范群老师的雁行小队项目成效尤为明显，它不同于一般的学习小组，具有明显的个性特征：

一是合作的内容不局限于学习互助，而是在人际交往、综合实践等方面的全方位合作。

二是活动的场所不局限于学校，而是延伸到了家庭和社会，让成长的舞台更宽广。

三是参与的人员不局限于学生，还有教师和家长，形成了家校合作的新模式。

四是追求的效果不局限于提高学生的学业成绩，而是全面育人，提高学生综合素质。

可以说，雁行小队已经成为学生成长的重要平台，对学生产生了积极作用。

(二)那些闪亮的颁奖词

每一届的小队活动都会有各种奖项诞生，为小队写颁奖词并隆重颁奖也成了活动的重要部分，那些闪亮的颁奖词曾经激励过少年的心。

1. 活力奖——梦随我飞队

这是一个有梦的小队,这是一个洋溢着活力的小队。徐陈婕优美的舞姿充满灵动,朱芸萱充满创造力的绘画展现着活力,陈见晴的书法作品潇洒自如,苏鑫杰、张振远在运动场上英姿矫健、挥洒活力。你们组成了一个活力四射的小队。

团体虽小,勇往直前,相信你们一定可以登上梦想的天堂。即使遇到再大的风浪,也无法阻挡你们拥有美好的明天,你们是彼此的自豪与骄傲。

2. 进取奖——火箭队

这是一个求上进、思进取的小队。在班干部的岗位上,郑佳薇、曹书凝、陆学凝工作认真,一丝不苟。在体育赛场上,戎弈朴如同猎豹一般飞奔在跑道上。在课代表的工作中,董平、毛睿婷乐于助人,认真收齐每一次的作业。大家互帮互助、团结友爱。一个多么朝气蓬勃的小队啊!一个多么追求上进的小队啊!

"我要飞得更高,飞得更高。"相信你们一定可以做得更好。

3. 个性奖——F6队

他们淳朴、正直、热情、坚强,各具特色、各有风格。运动场上他们不甘示弱、引人注目,为班级取得佳绩;学习上他们顽强拼搏、刻苦勤勉,每个人都为自己的目标而奋斗,正如在那没有彩虹的阳光下,他们在失败中成长,终有一天会发射出最强的光芒。请相信F6队,绝不放弃!

4. 爱心奖——超级蜗牛队

他们是温暖的,如同一抹灿烂的微笑。他们给敬老院的老人们带去了久违的子女情。他们给班级的弱小者以春天般的温暖,他们互助团结、互相照顾、互相鼓励。他们的爱与笑,是他们最真诚的奉献。

5. 奋斗奖——芯片梦队

这是一个为梦想奋斗的小队，聚集了不同的力量，汇成了一个共同的能量芯片。他们手牵手、心连心。傅健在运动会上挥洒汗水，正航在语文的大海上扬帆起航，启韬对集体无私奉献，鸿源在学习上奋力拼搏，雨倩、艺格对未来坚定、不放弃。你们在同一片蓝天下奋斗、再奋斗，因为你们坚信："如果梦想遥不可及，我们更不应该放弃。"

6. 探索奖——雨的印记队

热爱探索，即使遇到了困难也永不言败。你们想知道天有多高、地有多厚，你们想了解为什么自然这么神奇。伟大的梦想从这里诞生，拼搏的力量在这里凝聚。这是属于你们的光荣，你们在探索中成长，因为你们把梦想写到最后一刻。

7. 坚持奖——诺亚方舟队

坚持到底，就是胜利。在学习的赛场上，孙书泽、任嘉妮勤学苦练、坚持不懈；在管理的岗位上，卢书小、陆泽玮以班为家、一管到底；在体育赛场上，白炳阳、陈冠羽意气风发、冲到终点。坚持的人最美丽、坚持的笑容最灿烂，诺亚方舟队一定胜利！

8. 团结奖——闪耀队

亲如兄弟姐妹，情同手足。每次活动，他们周密分工、密切配合，成效卓著。在学习上，他们互帮互助、共同进步，洋溢在他们中间的是关怀、温暖和鼓励。团结就是力量，他们的力量无穷大。

(三)活动随笔

随笔一：参观农场

火箭队　戎弈朴

乘着车一路颠簸，我们来到了高场湾的农场，今天的雁行小队活动就是在这儿了。

大门刚打开，一只热情的小狗就欢欣雀跃地跑了过来，领我们进去，一点也没有见到生人的那股生分感。和小狗玩了一会儿后，我们便听到一阵"嘎嘎"的叫声，不禁心生疑惑。走过去一看，原来是一群白鹅在那里伸着脖子大声叫着，不断扑着翅膀，看那架势，像是要和我们打架。再往上走，是一个池塘，一位叔叔拿着一根竹竿把白鹅们赶下了水。只听一阵翅膀扇动的声音，只见一片片雪白的翅膀，白鹅们下水了。真是怪事，刚才还对我们又喊又叫的它们，一下水就"改头换面"了似的，要不是我们全程观看，真怀疑是换了一群白鹅。在水面上，它们优雅、圣洁，羞涩地低着头，深情地望着自己在水中的倒影，轻柔摆动着双翅，缓缓地游动着。碧绿的池水映着它们洁白的羽毛，真是"白毛浮绿水，红掌拨清波"。

还沉浸在白鹅带来的美好中的我们，又不禁顺着"哞哞"的叫声来到了牛圈旁。那群憨憨的"傻大个"一看到我们，就不约而同地走了过来，它们抬起头，一双双充满着好奇的大眼睛齐刷刷地望向了我们。叔叔从旁边的草堆中抽出了几把草，递到了我们手中，让我们体验一下喂牛的感觉。我们把草扔到了牛圈中，有的牛埋头猛吃，生怕被抢走；有的牛细嚼慢咽。那头最大的牛则是先把草一下吃进嘴里，再慢慢品尝。

启涛觉得有一头小牛很可怜，总是被挤到一边，吃不到东西。他就从草堆中精选出一把最嫩的草，伸向那头小牛，结果还是被那头最大的牛抢了先。启涛很郁闷也很愤怒地拉住草的一头狠命地拔，结果草断了，他只拿回了一小截草喂了小牛。见到这一幕，叔叔笑着夸启涛："没想到你很会同情弱者，我替小牛感谢你。"我们也纷纷向启涛竖起了大拇指，大家一起捧来了一大把嫩草喂给小牛，还讨论起了在科学书上刚学到的有关"反刍"的知识。

冬季的白天那么短暂，又到了该回家的时间了。我望着一片凋零的树林、一池寒水、一排只在电影中见过的农舍，以及那群白鹅、那群牛和那只看门狗，心中很是留恋。这里仿佛是我们的世界之外的一个所在——与那林立的高楼、忙碌的校园、穿梭的车辆完全不同的世界。今天我感受到的就是这样一种完全不同的生活，这就是雁行小队活动的魅力所在。

随笔二：常到敬老院看看

超级蜗牛队　邵一冉

孩子是快乐的，老人是寂寞的。孩子是天真的，老人是寡语的。

落红永远为着新绿付出，激起我们一圈圈记忆的涟漪！我们超级蜗牛队在小珍妈妈的带领下，来到县敬老院。

我们都怀着一颗期待的心，拿着扫帚、拖把、抹布等劳动工具走进敬老院。一进门，迎接我们的是一张张布满皱纹的脸。我们挽着老人们的手，关切地询问："爷爷，奶奶，生活还习惯吗？身体还好吗？""哟，好得很哟。"他们握着我们的手，手上的老茧给我们莫名的感动。

我们紧跟着院长来到食堂这个临时舞台，我们小队为老人准备了双簧、独唱、舞蹈等节目。可能是我们准备的节目过于时尚，我发现老人们看节目时的表情竟然有点心不在焉。双簧让我们这帮孩子捧腹大笑，而老人可能更喜欢那些革命歌曲或者是越剧。我们真后悔安排节目时只考虑了自己擅长的，而没有想到老人们需要什么。看得出他们在尽量鼓励我们，可眉间带着茫然……

记得老人们和我们聊天时，谈得最多的是自己的亲人："我有一个儿子、三个女儿！"最自豪的是子女有出息："其中一个工资收入有一万！""唉，这个工作狂哟，什么时候带个媳妇儿来哟！"最欣慰的是人丁兴旺、一代一代繁衍："今晚我的重孙子办满月酒哟！"……

我突然想到，他们是多么寂寞。老人们念叨着家人、牵挂着儿女，而他们的儿女们呢？是否能抽出一些时间来看看老人？我又想起了《常回家看看》那首歌，现在我想把它改为《常到敬老院看看》。我想对人们说：亲情近在眼前，亲情无处不在……

回来的路上，我和小队的伙伴想了很多、计划了很多。下次活动，我们一定准备几个老人喜欢的节目，一定在老人身边多待一会儿。

随笔三：寄情沙滩

海燕队　郑焱

又到了周日下午的雁行小队活动时间，我们海燕小队在我爸爸的带领下来到了马关沙滩，举行"寄情沙滩"系列活动。一路上，大家谈笑风生，像刚出巢的小鸟儿一样叽叽喳喳说个不停。

来到马关沙滩，放眼望去，整个大海宛如一块巨大的翡翠，海面上依稀可见几艘小船。大海的涛声像一曲雄壮有力的交响乐，每一朵飞溅的浪花就是一个跳跃的音符，一阵阵涛声汇成了一曲曲乐章。这里沙软滩平，海浪把各种玲珑奇巧的贝壳和晶莹闪亮的石头从海的深处卷了上来，给绸缎般的海滩绣上无数花饰。海滩是温暖而松软的，像母亲的怀抱。躺在海滩上，呼吸那清凉而微带腥味儿的空气，仰望那湛蓝深邃的天空，你一定会感到心旷神怡！

"寄情沙滩"的第一项活动是做一回"沙滩小卫士"，每个同学都带来了一个垃圾袋，大家开始在沙滩上搜寻垃圾。沙滩上总体来说是比较干净的，但是仔细寻找，还是会发现一些游人丢下的食品包装袋"埋伏"在沙滩里。大家像寻找宝贝一样仔细挖开小沙丘，搜索了起来。还有队员走到稍远一些的地方，捡拾被海风吹来的垃圾。不到半小时，大家都装了至少半袋垃圾，沙滩显得更加洁净了。

"寄情沙滩"的第二项活动是沙滩烧烤。我们找了一片背风的平整的沙滩，布置好烧烤炉。队长一声令下，我们一个个都忙活起来。大家串的串、烤的烤，一派热火朝天的景象。小馋猫泓霖忙不迭地把鸡腿放在铁丝网上，不停地翻转，再涂上酱料、撒上胡椒，迫不及待地送进嘴里。没想到，鸡腿还没有熟。看着他一个劲儿地往外吐，我们笑得直不起腰来。随后，我们又烤了鱼干、肉串、青菜、刀切馒头……我们还想把小红薯烤熟，但火不够了，没能做到，有点失望。

今天的小队活动，我们玩得很开心，既做了好事又饱了口福，真是令人难忘。

这学期的雁行小队活动让我们越来越相信：在成长的路上有伙伴同行真好！我们会一起经历风雨、迎接晴空！雁行小队，勇敢地飞吧，相信前面一定是一个艳阳天！

第五章

守望——在同伴
交往中成长

第一节　让女生拥有好闺蜜

青春期的女生渴望友情。确实，拥有几个无话不谈、能互相支持的好朋友能够让孩子拥有愉快的心情、开朗的个性和健康的心态，从而拥有安全感和归属感，也能提高孩子的交往能力。可以说，一个女生在青春期的种种不安、迷茫、焦虑只有有过同样经历的另一个女生可以体会，拥有好朋友的女生很少产生心理问题。经营好这份关系对女生很重要，对班级凝聚力的建设也很重要。

一、确立女生价值标准，让女生有规可循

团队的建设需要找到共同的价值追求和一致的理念认同，这样大家就会把主要精力和注意力都投入到有价值的事情上去，互相赋能，带来团队的共赢，也就能避免女生们在一些鸡毛蒜皮的小事上纠结、费心思。

班主任首先应该在班级里建立优秀女生的价值标准。建立标准可以采用头脑风暴的形式，让女生们提出她们认为的重要素养和品质的特征，再通过归类的方法找到大部分女生认同的内容，进行提炼。比如，我所在的班级的女生提出"善良""包容""温和""开朗""有个性"等关键词，再根据词语出现的频率，提炼出班级优秀女生的特质是"温暖""勤奋"。

二、举办女生节，让女生为自己而骄傲

班级的融洽氛围要依靠全体同学来营造，尤其是要为女生创造更多交往的机会，搭建有意义的活动载体。我们在三八妇女节前夕开展班级女生节活动，活动分竞赛和展示两部分。在竞赛部分，男女生分别组队，进行歌曲接龙、诗词接龙、水杯衔水等比赛。在活动中，全体女生斗志昂扬、拧成一股绳，一些平时关系较差的女生也忘记了之前的不愉快，笑声不断。她们齐心协力，争取胜利。

展示部分包括拍摄一张最美的照片和汉服秀等活动。很多女生要求我打开手机的滤镜和美颜功能，当一张张光彩照人的照片出现在大屏幕上时，她们的脸上露出了灿烂又略带羞涩的笑容。我们还举行模仿秀活动，让喜欢汉服的女孩子穿上汉服，挥动长袖翩然起舞，过了一把"汉服瘾"。我还根据班名"七色堇之家"，在网上定制了"七色花"发卡。当女生头上别着只属于自己班级的美丽发卡时，对集体的归属感也更加强烈。在选择发卡时还有一个有趣的现象，那就是好朋友会选择同一种颜色的发卡。

女生节的活动让女生体会到作为女孩子的自豪感，并把注意力从人与人之间的琐事上转移出来。

三、召开微班会，及时消除负面情绪

女生的细腻敏感以及对友情的高要求使得她们之间经常发生矛盾，班主任不可能有充足的时间一一处理。这时就可以利用召开微班会创设特定的情境，采用巧妙的形式让学生说出心里话，解开误会、真诚沟通。比如，"让心靠近"班会分为这样四个环节：

第一个环节是通过"无法分开的无名指"游戏来课堂氛围轻松下来，同时向孩子们暗喻：在你的生活中，总有朋友像无名指一样和你紧紧贴合在一起，与你共享欢乐、分担痛苦。

第二个环节是"写下内心的情绪故事"。老师在幻灯片中显示这样一段话："在这个集体中，也许有让你感到温暖的人和事，也许有让你伤心的事情，也许你曾经伤害过朋友。如果时光倒流，那件事你会怎样处理？对于以上的人，也许你有想说的话或想做的事。你可以在彩纸上写一写，一会儿我们一起分享同学们的故事。"在背景音乐《朋友别哭》的渲染下，学生们潜在的情绪被调动起来，特别是女生们，她们把爱与歉意都表达在笔尖下，准备送给那个最想感激或致歉的人。

第三个环节是"友情大派送"。老师给每人发三颗糖，让同学们把刚才写有内容的彩纸当作糖纸来包糖，再在每颗糖的糖纸上面写上自己的姓名，把糖送给想送的同学。每颗糖送出时，都要有所表示，如

拥抱一下、拍拍肩、握握手，或者说一句暖心的话，像"感谢有你，我很欣赏你的……"或"不好意思，我曾经……今后我想……"。每个人都要参与，直到把糖送完为止。要求活动结束后，每个人手中的所有糖都必须来自于别人的赠予。在背景音乐《我们都是好孩子》的悠扬旋律中，学生们都送出了手中的糖，也放下了心事、缓解了情绪。

第四个环节是分享感受。老师请收到糖的同学说说读了朋友的短信后内心有什么样的感受。在背景音乐《海阔天空》的配合下，女生们边流泪边分享。有的表达感谢，有的表达歉意，还有的表达后悔之情。活动让学生体验到与人交往的秘方："退一步海阔天空"是赢得朋友的妙招，向别人道歉、说声"对不起"是解开感情上的疙瘩的良药。拆糖纸时，有个很内向的女孩站起来哽咽着说："一直以来，我以为在初中阶段交不到朋友，没想到今天我发现了很多人把我当朋友，谢谢你们给了我友谊。"

班会进入尾声时，有几个女孩还不住地流泪，一个劲儿地包着糖。她们说，还有很多话想说、有很多糖想送。此时，孩子们已经不想控制自己的情绪。送糖的过程是心灵的放松、感情的宣泄，收糖的时候是享受友情的美妙时刻。

四、分类关注，分别施策

现实中，我们会发现一些个性敏感多疑或者比较自私狭隘的女生较难获得友情，她们会变得孤单自卑、心情抑郁，这和成人社会的交往认知是一致的。对于女生之间的友谊，班主任要甄别她们交往的价值——是促进彼此共同进步，还是互相撺掇着尝试做违反规则的事情。对前者，当友谊的小舟遇见风浪时，班主任应该给予关心，想方设法帮助她们修复感情；对后者，班主任除了教育引导，还要想办法把她们分开，减少她们在一起产生的负能量。

（一）美丽的谎言是修复友谊的黏合剂

如果两个在老师看来都很善良温和的女孩因为对友谊的认识不同而

经常闹别扭，友谊产生的裂缝又会极大地影响她们的心情，这时就需要班主任的介入了。

班级里有个叫小叶的女生，是单亲家庭的孩子，比其他人更需要友谊。小叶获得了小琳的友谊后，得到了心灵的慰藉。但是她很怕失去这份友情，总是小心翼翼地观察小琳。每当看到别的女生邀请小琳一起去洗手间或者小卖部，而小琳又欣然接受的时候，她就会非常难过，认为小琳背叛了自己。于是她选择主动离开了小琳，因此变得郁郁寡欢，脸上没有了笑容。

问题的症结在于小叶对友谊的片面认识，她认为友情应该是排外的，好朋友只能有一个。小叶对别人的要求非常高，希望对方能够无条件地支持、帮助自己，否则就是对朋友不忠，这在本质上也是缺乏安全感的表现。现实中，也有一部分女生进入了一个小团体后，就会自觉地把自己的小团体跟身边的同学隔开，一旦自己与小团体出现问题，就会产生孤独、苦闷的表现。

问题的解决之道首先是和小叶谈心，让她知道友谊是多向的，以平等信任为原则、以互相支持为体现，要想获得真正的友谊，必须要换位思考。小叶觉得我说得有道理，想请我去探听一下小琳对她的看法。我找小琳谈话，问她是否还愿意继续这份友谊。小琳摇摇头，理由不言而喻。我向小琳转达了小叶的内疚和渴望，劝说她再给小叶一次机会，她同意了。我把消息回复给小叶时，告诉她小琳很珍惜她们的友谊，等待她的示好已经很久了。这个美丽而善良的谎言，最终让小叶能够体面地再续这段友情。

（二）多方合力，拆开损友不姑息

现实中，有一些女生以玩乐为追求，互相壮胆做不好的事情，一旦事情败露就互相指责。小悦和小芸就是这样一对损友，这两个不爱学习的女生上课吃东西、玩手机、抄作业，还互相为对方打掩护，在 QQ 里一起辱骂别的女生。当证据确凿时，她们就把责任推到对方身上。

对这样的所谓"好朋友"，就要毫不犹豫地把她们拆开。拆开分三步走：一是向双方讲明两个没有自控力的人在一起的危害，和她们约法三章，一人犯错、两人担责，增加她们犯错误的成本。二是依靠同伴的力量，找热心负责的女生在平时多关注她们，及时提醒她们，游玩时也能叫上她们。三是和家长取得联系，希望家长多陪伴孩子，纠正孩子的不良习惯。

总体上说，大部分女生的交往动机比较单纯，价值取向积极，比起男生会投入更多的情感，懂得友谊要以共同的兴趣爱好和追求为基础。相互的支持并不是功利层面上的利己，而是真诚交往的体现。在努力让自己发光的过程中不忘好朋友的进步，互相理解、欣赏，这正是女孩们的友谊的可贵之处。人际交往能力在女孩的成长过程中有利于完善个性，形成良好的自我评价，并有效地调节和稳定情绪，有着重要的作用。班主任要引导女生掌握必要的人际交往技巧，关心她们的朋友圈，助力她们健康成长。

第二节　助男生结交好兄弟

网络上有一句话，叫"不怕神一样的对手，就怕猪一样的队友"。这是男孩在游戏中的戏谑之词，意思是希望合作伙伴能与自己同心同德并具备一定的水准，一起努力去打败对手。尽管是游戏用语，也反映了青春期男生渴望拥有好朋友、一起度过美好的中学时代的愿望。

随着身心的发育，青春期男生的"成人感"越来越强，个性相比女生更为粗犷和豪爽。他们不愿意在细小的事情上纠结，交往的标准与成绩和家境等关系不大，主要是取决于有没有共同的兴趣爱好和相处时间的长短。但是总有一小部分"孤独者"很难融入男生的圈子里，这既有个性的原因，也有交往技巧不足的问题。

一、男生之间交往不畅的原因

（一）发育的早晚对交往质量产生影响

北京师范大学教育学部的杜育红老师在《初中生的同伴效应：基于

发育成熟度的自然实验》一文中指出，青春期发育成熟的早晚对学生的认知和非认知成绩都有影响。与发育成熟正常的男生相比，发育成熟较晚的男生在认知方面得分较差，父母的期望更低；发育成熟较早的男生在认知上的表现比发育成熟较晚的男生要好。

同样，在人际交往上，发育成熟较晚的男生也存在认知不足、技能缺乏的问题，使得他们无法成为中心人物、朋友少、存在感不足、没有话语权。

如小孙同学，他个子矮小、有点木讷，在文体方面没有特长，学习成绩也不理想，结果就成了同学眼中的所谓"猪队友"。在班级举行的小型比赛中，大家都不愿意和他配合，我经常看到他一个人落落寡合地待在角落里。

（二）个性的缺陷和对交往行为的理解偏差影响交往

有些男孩虽然发育比较早，长得人高马大，但是心智和身体的成熟不同步——做事只顾自己，不顾全大局，一旦失败就把责任推到别人的身上。这样的男孩也无法获得真正的友谊。我曾经用同伴提名法让男生选出最想交往的同伴，发现班级里最受欢迎的男生大部分都活泼开朗、有幽默感、讲义气，而没有被提名的男生大都具有破坏性强、爱撒谎、太敏感等问题。

我还在男生中做过一个小小的调查，问题是："同伴不愿意和你一起打球或玩耍的原因是什么？""同伴不肯把笔记本借给你的原因是什么？"结果发现，一些男生认为自己遭到同伴拒绝是由于同伴不喜欢与自己交往，责怪对方高傲自私，而他们在现实生活中往往也遭到了同伴拒绝，原因就在于其认知狭隘、不会换位思考。另有一些男生认为同伴拒绝自己是由于碰巧有事、不方便等客观原因，自己找对方的时机不对，而他们很少被提名为想拒绝的个体。这一结果表明，男生对社会交往行为的理解会影响同伴对他们的接纳。

（三）缺乏同理心影响交往

有些男孩忠厚淳朴、性格外向，但是也出现交不到朋友的情况。主要原因是缺乏同理心，不会站在他人立场设身处地地思考，不会体会他人的情绪和想法、理解他人的立场和感受，不懂"己所不欲，勿施于人"的道理。如说话不懂得照顾他人情绪，在别人很忙的时候去打扰他人，当别人请求帮助时想不出好的策略等。能否合理解决社交问题是青少年社会认知能力的一种综合反映，在遇到问题时，受欢迎的男孩能提出更好的解决方法，而被拒绝的男孩会更多地借助第三方来发动交往、表现出更强的依赖性。

如小潘同学，他喜欢在别人学习时问别人问题、在帮老师发试卷的时候大声报出每个学生的分数等。当被指出他这样会影响别人，他却很委屈，觉得自己没做错。他不会设身处地站在他人立场上考虑，总是依赖同桌帮他借东西、问题目，这些行为就是缺乏同理心的表现。

二、提升男生交往质量的策略

青春期的男生情感丰富，但不善于表达，其交往质量的提高主要依靠活动。班主任要让那些"不受欢迎"的男生也能拥有友谊、获得好朋友，就应该开展更有针对性的教育活动。

(一)根据男孩共同的兴趣开展活动

鲁迅曾经说，游戏是儿童的天性，对于男生来说更是这样。他们活泼好动，喜欢在一起运动、比拼，开展集体性的项目可以让他们更好地聚在一起，增进互动、建立友谊。

1. 动起来，在活动中挥洒热情

我们应该多开展体验式的班级活动，在运动和实践中培养男生的人际交往技巧。可以举行各种球类比赛，尽可能让男生都参加，如足球比赛，虽然那些小个子的男生不能成为前锋和主力队员，但是他们在操场上奔跑的时候并不孤单，是有伙伴的。当然，也可以开展多人参加的活动，如跳长绳、爱的抱抱、数字集合、踩气球等。这些游戏具有包容性和趣味性，满足了男生好动的特点，对使他们之间感情融洽有一定帮助。

2. 静下来，在思维碰撞中建立友谊

这里的静下来是相对身体的动作而言的，大脑的运转是要动起来的。大部分男生喜欢科学探究，尤其是科学实验和与之相关的小制作，这需要汇集他们的智慧，能让他们发现自身的特长。因此，班主任可以开展诸如水火箭制作、电路图接线、地球拼图、电脑画图、棋类、玩转魔方等比赛，让男生们的思维在竞赛中碰撞出智慧的火花。

(二)建设"一加一共同体"

美国心理学家科尔曼认为，产生同伴效应的途径包括学生之间的互相帮助，以及学生固有的能力通过知识的溢出效应和班级定位来影响同伴。古语也有云，近朱者赤，近墨者黑。如何让那些胆小的男孩获得朋友？班主任可以给他们适当调整座位，在同桌或者前后桌安排热情豁达的男生，使他们成为好友。在调整座位的同时，还可以给他们安排必须由两个人一起完成的任务，如帮助课代表收本子、为班级领活动器材等，让他们在充实的任务中更加接近。

小周和小孙是一个"一加一共同体"：小周学习成绩优秀，性格开朗热情；小孙则木讷寡言，学习能力比较差。成为共同体后，小周经常主动关心小孙，每天放学和他一起回家，周日还邀请他来自己家玩。小周的父母也很热情好客，还留小孙吃中饭，让小孙体会到了友谊的滋味。慢慢地，原本自卑内向的小孙有了笑脸，和小周无话不谈。小周也从助人中获得了快乐，赢得了大家的赞扬。

(三)训练理解他人的能力

理解他人的能力也就是同理心，具有同理心的男生一般都具有良好的人际关系和朋友。如何训练这种能力呢？《论语》有云："子贡问曰：'有一言可以终身行之者乎？'子曰：'其恕乎！己所不欲，勿施于人。'"我给男生们介绍这段话的含义，让他们通过讨论来联系实际，谈谈不被理解造成的忧伤，表达期待理解的心情。此外，我让他参加情境体验活动，当男生之间发生纠纷的时候，让他们互换身份，重新演绎事情的经过，以表演的形式直观地让他们体会到换位思考对人际交往的重要性。

有一次，小恒和小宇打起来了，起因是小恒把废纸揉成一团扔向垃圾桶时，不小心扔到了小宇的桌上，但小恒没有及时表达歉意，而是自顾自低头做作业。当小宇找他理论时，他很不耐烦，两个人在唇枪舌剑的几个回合交锋后按捺不住怒火，动起手来。在事情平息后，我采用"情境重现"的方式，进行了角色的互换，让小恒体会到尊重他人体现在点滴细节上，有错即改是友谊止损的最有智慧的选择。

通过对人际交往的引导，让男孩能共情他人、细腻地表达情感，同时有韧性和勇气，内心和谐、自我接纳，善于处理自己的负面情绪，愿意主动去结交朋友，能进行建设性的思考与行动。这样的男孩能更灵活地应对环境，成年后往往能够取得优势地位。这就是所谓的"神一样的对友"，也是班主任要努力达到的培养男生的标准。

第三节　把朦胧的情愫交给时间沉淀

到了青春期，随着身心的发育，孩子们产生了对异性的倾慕之情及对性本身的好奇心，朦胧的情愫在心底酝酿，想和异性交往的愿望也越加强烈，校园中总有一些男女生交往过密，引起师长担忧。

有些家长问老师：孩子最近总是对着手机傻笑，是不是早恋了？孩子经常和异性一起出去玩，我该制止吗？孩子的异性朋友很多，是不是会很容易早恋啊？家长们很担心孩子会陷入一段提前到来的情感之中，影响到心情和学习。

如果得知这些情况，班主任和家长先别急着给孩子贴上"早恋"的标签。我们首先应该冷静地分析，判断一下男女生之间的关系到底是一种怎样的状态：可能女孩性格外向、大大咧咧，喜欢和男孩交往只是觉得他们性格更直爽、不喜欢斤斤计较、好相处，是自己的"蓝颜知己"；也可能男孩情感细腻，喜欢被呵护，愿意和懂事的女孩交往，有一种被保护的感觉。这样的交往看起来有些过密，但是并非师长想象中的"早恋"。当然，也不排除有些男女生模仿成年人的恋爱方式，开始了一段懵懂的感情。

那么，如何判断孩子是属于哪一种情况呢？可以从三个角度来观察：一是看相处的空间。班主任可以留心男女生相处的主要场所，如果是教室、操场等公共空间，那就表示他们只是好朋友关系；如果他们总喜欢躲开大家单独出去，那就需要多留心了。二是看女生打扮和着装的变化。如果还是像以前一样朴素大方，不经常换新衣服，那基本可以认为他们是"好哥们儿"；反之，如果总喜欢摆弄发型、购买新衣服，可能就是想吸引对方的注意了。三是看女生的情绪变化。一般来说，和男生相处比较轻松时，情绪就会相对比较稳定，反之起伏就会比较大。比如，如果男生关心女生，经常送小礼物，女生就会很开心；如果因为男生贪玩或者和别的女生多说了几句话而引发矛盾，女生就会情绪低落、忧郁悲伤，甚至痛苦不堪。

根据我的叙述，相信大家一定可以大致判断出男女生的情感定位。如果是第一种情况，我们可以放心；如果疑似第二种情况，我们也不要着急，下面四种做法能化危机为契机。

一、不做恋爱的助推器

青春期孩子对于独立自主有更强烈的愿望，叛逆心强，喜欢和师长对着干，你越限制他，他越可能反抗。所以我们要尝试调整心态，认识到孩子进入青春期之后，生理和心理逐渐成熟，男女生互相吸引并产生好感是正常的表现，成人应试着接纳孩子的行为。比起直接阻止孩子与异性来往，我们更需要和孩子理性地探讨，利用这个对亲密关系产生需求的关键期引导孩子建立对高质量的亲密关系的认识。

现实中，我发现初中三年总有几个孩子不断地追求着一份感情，频繁地分手，又继续寻找。一部分原因是家里监管过于严厉，孩子们想在对亲密关系的寻找中找到放松的方式；另一部分原因是父母关心不够，孩子们对感情的追求是为了满足自己对爱的需求，从而得到心灵的温暖。班主任如果不分青红皂白，一味地阻止，甚至通知家长，就会引起孩子的叛逆。孩子们会在老师的阻拦下更加相互靠近，那样的话，老师就成了恋爱的助推器了。

当然，谈话是必需的。语言劝导要真诚，要小心保护孩子的自尊心，要把他们当作朋友一样进行启发引导。道理要说透，故事要生动。你可以试着问问孩子：你真的喜欢他（她）吗？为什么？你打算和他（她）发展长期的互相承诺的亲密关系吗？以此帮助孩子澄清择偶标准与自我价值观，更好地理解自己并以开放的心态适度分享自己。

二、巧妙借助榜样的力量

有些学生"早恋"是因为有从众心理，看到别人成双入对，自己也想尝试。但是在一个班级里，这样的学生毕竟属于少数，更多优秀上进的学生是可以成为他们的榜样的。榜样可以是同班同学，也可以是校友或者学生喜欢的偶像。对人物故事的分享更能够激发学生的思考，接受度也更高。可以由老师说，也可以由好朋友劝导，有时，后者的效果会比前者更好。

我有多次成功"借力"的经验，当聪慧漂亮的小兰接受了小帅的示爱后，就总是躲开大家，偷偷往五楼的空教室跑。我故意装作不知道此事，把小兰请到办公室帮忙剪纸，并且给她看我十多年前的学生露露在朋友圈发的照片。露露现在在法国读博士，她的朋友圈都是她在大学校园和同学们探讨、漫步，以及和英俊潇洒的博士男友在世界各地旅游的照片。我告诉小兰，初中时有好几个男生追求露露，但她志向远大、心无旁骛，礼貌而委婉地拒绝了他们。最后我表示，小兰和当年的露露一样聪慧漂亮，学习能力也强，将来一定会拥有像露露一样美丽而广阔的人生。小兰由开始时的惊叹、羡慕到后来的沉思，看得出来她的思想被触动了。我又找了小帅谈话，希望他能克制自己，好好学习，等到成年时再发出爱的信号。后来我得知，他们两个定下了一个"十年之约"。

小成在别班的一个女生的突然示爱中没有把持好自己，迅速陷入一段情感纠葛中，可能是向来憨厚内向的他从来没有想到自己会得到女生的喜爱吧。正好往届的一个学生会主席小川来看我，他现在是一家国企的中层领导，干得十分出色。我就和小川说了请他现身说法去影响小成的想法。我们设计好了对话的内容，然后我把小成叫到办公室，表面上是请小川给他介绍学习英语的方法，实际上我不断追问小川当年为什么拒绝那么多女生加他 QQ。小川用幽默诙谐的语言说，大丈夫志在山巅。他还给小成讲了后续的趣事：拒绝了很多女生后，他获得了"大冰川"的绰号，反而更受女生青睐了。小成深受启发，表达了对小川的佩服和感谢。

三、主题班会碰撞思想

青春期男女生交往过密是班主任工作中经常遇到的问题，这个问题不可能依靠一次谈话或者家访解决，要想引导学生正确认识、理性分析，还是要依靠主题班会。上一节班会课还不够，必须进行递进式的教学。我在初一执教"男生女生"班会课，主要是让学生认识自己进入青春期后生理和心理的变化，以及男女生交往应该注意的分寸和遵守的原则。

进入初二，学生发育迅速，班级里开始出现男女生交往过密的情况。在"假如我喜欢上了你"这一课中，我重点通过两个环节让学生充分交流分享。一是讨论"假如把心中的喜欢化成了行动，大家都会怎么看待"，四个大组分别从家长、老师、同学、自己四个角度展开谈论。通过分享，学生明白了，人是生活在群体中的，当自己像成年人那样成双入对时，师长的责备和同学的议论会大大抵消"早恋"的刺激感，自己反而会形成内疚自责的心理，使自己产生对未来的担忧和无力感。二是展开"早恋"利弊的辩论赛，由人数均等的两队同学展开辩论。鼓励大家勇敢地表达真实的想法，然后把大家的观点记录在纸上，进行对比分析。这样的结论来自学生之中，语言更接地气，也更容易被同龄人接受。

到了初三，学生的学习压力更大了，但是学生内心涌动的对爱的渴望并没有减少，反而在压力下有更加出格的迹象，有些学生甚至想尝试更刺激的接触。我召开了"如果爱，请等等"主题班会，先呈现真实的情境：小霞收到男生的 QQ 留言，要求她周日去广场的西侧等他，说他已经喜欢小霞很久了，那天晚上有意外的惊喜给她。小霞有点犹豫，不知道该怎么办，向班主任求助。现在请同学们为她出一下点子。大家给出了不同的意见，有支持小霞去的、有反对小霞去的，都对理由进行了陈述。然后再进行头脑风暴，设想可能会出现的各种结果。最后我出示了一位妈妈给孩子的信，信中以现身说法的形式讲了自己初中时的故事，以及如何对待异性的好感。孩子们看了都非常感动，班会课也达到了预期的效果。

四、与家长协力共同解决

孩子的成长需要家校密切配合，当孩子出现"早恋"现象时，班主任要和家长进行及时沟通。当然，沟通时要注意说话的方式方法，只说现象，不夸大其词、不妄加评论，并且以专业的精神指导家长如何应对。班主任可以教给家长以下三个妙招。

第一招：调整心态，巧装糊涂，给予孩子更多的关爱。

孩子进入青春期，产生对异性的好感和交往需求是正常的。只是有些孩子含蓄些，善于把感情藏在心里；有些孩子则奔放些，行动性强。如果家长发现了孩子情感的蛛丝马迹，请千万不要声张，应调整心态，陪伴孩子顺利度过"花季雨季"。因为这个阶段的孩子最大的特点就是叛逆，自我意识越来越强，内心的孤独感也越来越强。他们尝试像成年人那样恋爱，归根结底是出于对爱的渴望，是为了获得情感的满足和存在的价值感。所以，孩子有出格的举动时就是他们最缺爱的时候。这时，家长要更加关心孩子，坐下来和孩子聊一聊他们感兴趣的话题、谈谈班级里有趣的事情、问问孩子将来对另一半的要求。

第二招：抓住兴趣，给予任务，转移孩子的注意力。

中学生兴趣爱好广泛，如果孩子喜欢画画，可以买来孩子喜欢的画作，让孩子临摹；如果孩子喜欢唱歌，就下载孩子喜欢的歌曲，让孩子弹奏或演唱；如果孩子喜欢烹饪，不妨让孩子边看烹饪节目边学做菜、做点心等；还可以多利用休息时间带孩子旅游、参观。通过孩子喜欢的这些活动，让孩子的注意力从异性身上适度转移。

第三招：家校配合，及时鼓励，让孩子体验成就感。

这个阶段的孩子最喜欢得到肯定，他们对成功的渴望从来没有那么迫切。当在学习或活动中得到快乐时，他们自然会将精力投入最感兴趣的事情。所以，家长要多和老师沟通，希望老师能及时发现孩子的进步、肯定孩子的闪光点。同时，要满怀深情地赞美孩子的进步，让孩子感受到父母真诚的期待。这样，孩子就会在自我情感的放飞和父母的殷殷期盼间寻找平衡点，尽量做到既不让父母失望又适度满足自己的情感需求，并且不越界、有分寸感。

总之，直面青春期异性交往过密的问题，了解学生所想，巧妙施策，引导学生把朦胧的情愫交给时间沉淀，问题就会变成契机，成为促进学生成长的良药。

案例：在垃圾桶里捡到情书后

学生进入初中后，青春的力量开始蓬勃生长，懵懂而纯真的情感之花开始在心中绽放，他们产生了和异性交往的愿望。有些内敛的学生能够较好地克制自己的情感，把对异性的好感深埋在心里；而有些胆大的学生就按捺不住躁动的心，积极行动起来。他们会写情书给对方，表达钦慕之情，如果对方不接受这份表白，那么倾注了满满爱意的情书就会被扔到垃圾桶里。

故事述说：

多年的班主任经验，让我养成了检查垃圾桶的习惯。垃圾桶里的东西种类真是不少，除了果皮纸屑，还有撕碎的试卷、揉成一团的讲义，更有课间学生之间传递的字条。小小的垃圾桶就这样默默地承受着全班同学的酸甜苦辣和百味人生。

在检查垃圾桶的过程中，我常常会找到揉成一团的字条。这样的字条大多数是学生在课堂上传递的聊天内容，让我第一时间就能了解到学生之间讨论的热点，知道哪几个好朋友正在闹矛盾、哪几个学生放学后准备抄作业。垃圾桶就像一个情报中心，给我提供了最新的班级资讯和学生动向。尽管它又脏又臭，我却乐此不疲地在里面"寻宝"。

这不，周四放学后，我又从垃圾桶里找到了两张字条。第一张字条是粉红色的，上面画满了一颗颗爱心，还写着这么一段话："别人谈恋爱，一年只过一次情人节，我要为你过十二个情人节：一月为日记情人节，二月为红色情人节，三月为白色情人节，四月为黑色情人节……我会在每个情人节送你一件我精心准备的礼物，现在你明白我对你的心了吧！"字迹并不娟秀，其中还有一个错别字，一看就知道是一个叫思华的小妞写的。怪不得这段时间她上课时心不在焉，一天三变——一会儿是三七分，一会儿全部梳到头顶用蝴蝶状的发夹夹住，一会儿又是刘海儿齐刷刷地垂到眼前。原来是"仙女思凡"了。老实说，在看到这张字条前，我一直以为情人节就是 2 月 14 日和七夕，根本不知道还有这么多的情人节。我还一直以为情人节的色彩应该是红色，没有想到白色、黑色这样的色彩也是情人节的色彩。

第二张字条是在一张试卷的背后用黑色的记号笔写成的，字迹粗犷豪放，上面只有一句话："就算海枯石烂了，我也要再爱你一万年！！！"一连串的感叹号大概就代表海誓山盟了吧，今天算是见识到了。我心想：乖乖，海都枯了，石都烂了，男孩还要再爱女孩一万年，真是感天动地呀！我想象着女孩看到这句话以后感动得涕泗横流的模样，不禁"感动"于男孩的痴情和豪迈。可是，这样的情书按理应该被女孩珍藏才对呀，怎么"流浪"到了垃圾桶呢？看来又是落花有意、流水无情，是男孩单相思了。我该如何来引导他们正确看待和处理感情的困扰呢？

反思悟道：

在《少年维特之烦恼》中有这样一段话：哪个少女不怀春，哪个少男不钟情。到了初中阶段，特别是到了现在的初二年级，随着性生理的日渐发育，学生的性心理也在走向成熟。对异性产生好感、想和异性交往，是青春期孩子心理发展的规律，也是他们走向社会化的必经之路。给异性写情书是他们的性意识觉醒的表现之一，不能视为洪水猛兽，而应该予以正确的引导。

如何引导学生的这种纯真又稚嫩的情感？一味地批评或者禁止都不

是正确的方法。我想到了青春期孩子的特殊心理需求。比如，他们渴望了解青春期的生理和心理常识，我们就应该大大方方地介绍给他们，让他们了解科学的性知识，而不是通过在网上胡乱观看不良视频"自学成才"。我始终有这么一个教育信念：教育是为学生将来的幸福奠基的，而学生将来的幸福除了身心健康、事业成功，还应该有美满的家庭生活。善于表达爱意、写情书也是学生将来追求知心爱人的重要途径之一，会写语言优美、情感丰富的情书说不定还能为学生的幸福婚姻奠基呢。

后续改进：

于是，我邀请了心理辅导老师，一起用三节班会课的时间给学生进行专题讲座，遇到讲不透的知识，就给学生播放青春期教育视频。可以看出，连续三节课的专题教育学生增长了许多教科书上学不到的知识，解开了身体成长的很多谜团。孩子们这几节课听得特别认真，这也为我接下来的情书教育"三步走"打下了基础。

第一步，我在班会课上向学生介绍了一些名人的经典情书，如徐志摩写给陆小曼、马克思写给燕妮、鲁迅写给许广平的情书。这些情书的内容除了倾诉衷肠、表达思念之情外，更多的是交流对事业、社会的看法，表达对人生的积极追求。虽没有海誓山盟，但伟大的爱情渗透在字里行间。这些情书内容充实、感情真挚，语言朴实无华，有着永恒的艺术魅力。介绍的过程中，我也留意观察学生的表情，看到那些写过既大胆、直白又稚气的情书的学生一个个不好意思地逃避着我的目光。这时，我趁热打铁，给学生介绍了这些名人的爱情故事，让他们明白：少年首先要立下大志，强化自己、打造自己、修炼自己，有了去爱别人和被别人爱的资本后，才可以勇敢、自信地送出情书。我还把一段话写在黑板上送给学生：与其去追寻一匹骏马，不如种植丰美的草原，到时候骏马自然会来。

第二步，我教学生学写"情书"。我先把古诗中表现爱情主题的诗句集中起来，利用早读课让学生背诵。这些诗句情感内敛、意蕴丰富，增加了学生的文学积累，提高了学生学习古诗的兴趣。我还印发了一些从名人经典情书中摘录下来的名言，让学生在写"情书"时适当地引用。然后，我强调了书信的格式，规定"情书"中的内容必须由这样两部分组成：一部分写清自己为什么喜欢、钦慕他(她)，另一部分写清自己对他(她)的希望和要求。最后，我要求学生给自己心仪的异性写一封信，可以写给班里的同学，也可以写给自己崇拜的偶像。信写在我统一发下去的信笺上，落款采用匿名的形式。学生写完后我亲自收上来，作为一次写作练习的作业的。打开一看，其实大部分学生的信还是写给偶像的，也有写给英雄人物的。学生可能是不好意思，也可能是确实没有在本班找到心仪的异性。

第三步，我在班级宣传栏中设了一个专栏"写给我最欣赏的他(她)"。我选择了一些感情把握有度、积极向上的"情书"，把它们打印出来，张贴在专栏中。这些"情书"其实不是真正意义上的情书，在情感的类型上侧重欣赏和佩服而不是爱恋，内容大多是佩服对方的原因和细节，并鼓励对方继续努力为班级争光。收到"情书"的学生很开心，为自己能够获得异性的赞美而高兴。所写的"情书"被当作优秀作品展览的学生的心里也非常自豪，因为自己的作品被肯定，也因为觉得自己有一双能发现同学的优点的眼睛。赠人玫瑰，手有余香。

由于种种原因，最终学生并没有写真正的情书，但那又有什么关系呢？他们至少懂得了如何与青春期的自我相处，如何珍视美好又朦胧的情感，如何在成年之后写出一封封真挚的情书。他们会因此变得更加阳光、自信，因为他们在初中阶段已经懂得了爱的内涵和正确表达方式。

从那以后，班上传字条的现象少了许多，但是我检查垃圾桶的习惯却怎么也改不了了，因为有趣的班级故事就在那里静静地躺着呢。

第四节　打造正能量"小天团"

在现实中，经常有班主任这样说：班级里那一群男生真烦人，整天聚集在一起聊哪个游戏好玩、哪个女生好看，对老师的批评置若罔闻，甚至互相包庇，对班级进步造成影响。也有班主任说：班级里那个女生小团体经常乱议论别人的事情，动不动就说谁和谁在一起了。如果有人反驳她们，她们就会拧成一股绳，一起对付别人。其他女生对这个小团体真是又惧怕，又反感。

这些小团体大都具有这样三个特点：一是成员有一个共同的爱好，比较谈得来，且多数家庭背景比较接近或者共同学习的时间长。二是有一个核心人物，这个人往往比较大胆，有冒险精神，在经济上比较慷慨或者在某一项技能上有较高的水平，令大家比较佩服。三是成员在行动上主要追求娱乐生活，是一起打游戏或者聊八卦的玩伴，而用于学习交流等方面的时间则不足。

现在有一个时髦的词叫"天团"，指最出名、最具有影响力的团体。如果小团体能够团结一心、积极上进，为班级出力，那么他们就可以成为班主任的得力助手与正能量"小天团"。但小团体也表现出一定的自卫性和排斥性，当其超过一定的分寸时，就会形成以下三个危害或弊端。一是使被排斥者产生孤立感。群体形成属于自己的小圈子后，"圈内人"就会构建出一道无形的屏障，将自己与"圈外人"隔离开来。这易使被排斥者的自尊心受损，也不利于群体之间的信息交流。二是使青少年屈从于群体的控制。群体内部非制度化的行为规范对成员的控制是非正式的，随意性较强。一旦群体行为规范与社会行为规范相悖，群体内部无形的强大制约会促使青少年屈从于群体行为规范，不利于青少年的健康成长。特别是有不良行为表现的青少年组成的同辈群体，其成员经常聚集在一起，对整个群体的健康成长会带来很大的消极影响。如少数成员会结伴抽烟、喝酒、打架，甚至出现偷窃、抢劫、损坏公物等现象。三是破坏班级的生态环境。如果小团体成员抱团对抗、不受约束、违反校规，就会影响到整个班集体的舆论导向，会对班级和他人造成非常不良的影响。因为相比于班级里的其他同学，小团体还存在扩大的需求，为了显示自己在班级里的地位，其在各个方面都会比较张扬，形成强势的群体。可以说，班级小团体是一把"双刃剑"。

那么，应该如何改变班级小团体的消极性质，使其成为正能量"小天团"呢？

一、以班级核心文化引导小团体

班级核心文化具有凝聚人心、产生正能量的作用。当班级具有了和美、拼搏、励志的氛围后，小团体就会被卷入其中，"威力"大大减小。这就需要班主任着力打造班级核心文化，通过各种载体使其内化于学生心中，从而产生效果。

2010届我的班级的核心文化是"让世界因我而美丽"，班级开展了很多活动来引导同学们的行动和奉献精神。当时有一群叛逆的女生，经常在一起做违反校规的事情，学习动力不足，多次教育效果甚微。要引导这个小团体走入正途，就要让她们的言行浸润在核心文化的实践中。不久，运动会开幕式需要班级出一个团体操，我看到这些女生身材欣长，有的还练过舞蹈，就请她们负责这个团体操。她们非常乐意，在舞蹈选择、音乐编排等方面动了很多脑筋。虽然在排练过程中因为和别的班级抢舞蹈室而发生过争吵，但是因为重任在肩，她们也没有过多地在这件事上纠结，圆满地完成了任务。在开幕式上，她们以整齐的动作和优美的姿态表演了团体操，赢得了一阵阵热烈的掌声。这次活动让她们懂得了美丽需要创造和展示，真正的美丽是用自己的努力为校园增添色彩、为班级争得荣誉，"让世界因我而美丽"需要每个人的付出。此后，这个小团体更加积极地参与班级活动了。我知道，她们开始向阳而生了。

二、抓住核心人物扭转特殊小团体

小团体中的核心人物往往个人能力比较强，也比较有魄力，这样才会赢得大家的信任。只要引导他（她）来带领其他同学，就可以事半功倍。那么，班主任如何获得核心人物的信任呢？首先要学会观察，找到这个学生喜欢的学科、特长和爱好等。可以先肯定他（她）的能力，真诚表达对他(她)的期望,打开心扉,来拉近彼此的距离。

在赢得学生的信任后,班主任可以和他(她)谈谈如何发挥其正向引领作用,指导、带好身边的朋友。并且告诉学生,如果他(她)的"小兄弟""小姐妹"违反纪律,会影响他(她)在老师心目中的形象,说明他(她)的影响力不够。平时班主任可以多依靠学生,让他(她)帮忙为班级做一些事情,有时也可以适当示弱,激发他(她)的责任感。

班级里有一个小团体,六个成员小学就读于同一个班级,上了初中后也总是在一起玩耍、娱乐,经常"分享"作业。由于"分工"明确、抄袭地点和时间固定,这六个学生写作业不仅速度快,而且质量好,瞒过了很多任课教师,直到考试成绩公布才暴露出来。我找到了他们的"头头"小建,首先肯定了他的领导能力和重情重义的品德,接着指出了抄袭的害处,特别强调了其对小团体中的中考临界生的危害,最后再和他一起商量改正的策略。真诚的谈话打开了小建的心扉,他表示愿意在全班同学面前承认自己的错误,让大家来监督他。小建的悔过让小团体中的其他成员深受触动,他们在后续的学习中有了很大的改变。

三、搭建小团体展示智慧的平台

哲学家苏格拉底说过,要想除掉旷野里的杂草,方法只有一种,那就是在上面种上庄稼。同样,要想让一个小团体积极向上、发展自我,必须给他们做正确的事情的机会,在学习、文体、劳动等方面发挥他们的特长。班主任给予信任,让小团体的成员感受到自己的重要,对引导其进步大有帮助。

小团体里能人多,有时甚至可以把主题班会交给他们来办。我的班级曾经有一个小团体,成员是六个男生,在小学就是同班同学,非常喜欢打游戏。他们竟然在中考前夕提出不想参加中考,今后就打游戏挣钱。他们认为大学毕业工资也就两三千元,而打游戏比这挣得多。这种思想影响了班级的部分男生,对临考前的氛围破坏极大。我通过暗中了解得知,他们中的三个人为了能够挣到一千元,在前期已经买了很多装备,更不用说在时间和精力上的投入了。我是游戏的门外汉,无法说服他们，就把班会课交给他们，让他们自己分成两队，对"打游戏挣钱的可行性"进行辩论。在辩论的过程中，几个孩子为了获胜，把对方因为通宵达旦玩游戏而损坏电脑、被父亲责骂，以及前期投入了所有的压岁钱买装备等事情都说了出来。理不辩不明，通过辩论和摆事实，大家明白了所谓打游戏挣钱需要付出多么大的时间和金钱成本、有多么不靠谱。

四、巧妙拆分不良小团体

如果班级里出现了不良小团体，班主任就要巧妙地进行拆分。拆分的可能性在于：一个小团体的六七个成员间的关系，也存在着亲疏远近之分。若仔细观察，可能还能拆分成二三个小团体，关键就是找到小团体中的核心人物。除了谈心，班主任可以引导学生把兴趣转移到学习和运动等事情上，让学生发现有比待在小团体里更有趣的事情。可以给学生推荐名人传记，鼓励其树立远大的理想，还可以采用一些小技巧，减少小团体聚在一起的时间。比如，在放学时请其中一个孩子为老师帮个忙，让其多留一会儿，拖延一下这个孩子放学的时间，和其他孩子放学的时间错开。这项工作非常考验班主任的智慧，既要达到分开他们的目的，又不能让他们反目成仇。

总之，要想打造正能量"小天团"，就要强化小团体成员的自我约束机制，发挥他们的积极作用，为班级凝聚力建设做贡献。

第五节　让人人成为"暖宝宝"

"暖宝宝"虽然很小很薄，但是能够在冬天带来温暖。在集体中，要营造家一般温馨的环境，每个同学都要努力成为"暖宝宝"。林崇德教授认为，同伴关系有利于儿童社会价值的获得、社会能力的培养以及认知和健康人格的发展。同伴关系的作用表现在以下几个方面：同伴可以满足儿童归属和爱的需要以及尊重的重要，同伴交往为儿童提供了学习他人反应的机会，同伴是儿童特殊的信息渠道和参照框架，同伴是儿童得到情感支持的一个来源。通过同伴交往，人们能够寻求心灵的沟通，能够寻找感情的寄托。

由于同伴的能力相当、地位平等，同伴关系属于一种水平关系。从同伴那里，个体可以得到关于自身能力的反馈，可以了解自己的表现是优于还是差于其他人。随着年龄的增长，个体用于同伴交往的时间越来越长，同伴接纳尤其重要，而是否接纳的关键在于相互作用。班主任要精心选择团队交往活动的内容和主题，来促进同伴之间的正向影响，给每个孩子搭建奉献爱心的平台。

一、基于成长需要精选活动主题

初中阶段，学生的自我意识觉醒，有展现自我的需要。在主题的设计和选择上，我采用以下三种思路来增加生生相长活动的频率和效度，给孩子增加奉献爱心的机会，并及时反馈做法。

第一，主题日常化。学生生活在同伴中间，每天都会有各种问题发生。针对日常学习生活中遇到的困惑和问题，如最常见的"学困生缺少帮助""友谊产生裂缝""缺少自信，不敢交朋友"等，我们在班级里设立了"小老师团队""爱我就赞我"等常态化的助力机制。

比如，为了让班级的好人好事及时得到弘扬，我们班开展了"爱我就赞我"活动，让做好事的学生收获真挚的赞美。每周进行一次点赞活动，由学生寻找班级的好人好事，挖掘动人细节，写在"点赞卡"上，然后张贴在教室后墙上的展板中。有些学生比较内敛，不愿意张贴"点赞卡"，就塞入班级精心制作的"集赞罐"中。在班会课上，我们会选读这些"点赞卡"。为了激发大家点赞的积极性，我们还举行"点赞卡"抽奖活动。点赞的内容涉及面广、细节丰富，很多是班主任没有观察到的。这在一定程度上弥补了班主任在平常工作中的疏忽，让被点赞的同学体会到了帮助他人、奉献爱心的快乐。

当个别学生做了好事或者表现良好时，就需要在集体中加以肯定和表扬，这么做特别有效。要设法使老师的表扬转化为集体的掌声，这样，鼓励效应就会成倍地放大。

第二，主题系列化。在主题日常化的基础上形成一系列主题活动，学生在主题活动中产生的优质交往关系就能形成促进作用。

这些活动的开展能够让孩子们的心灵聚合。比如，"同桌节"主题教育活动，包括"赠同桌一份礼物""夸夸我的好同桌""学唱《同桌的你》""评选最默契同桌""同桌趣味运动会"等活动；再比如，"邻居节"主题教育活动，包括"送邻居一张自己的签名照""美食制作分享会""好邻居答谢会""阳光伙伴六人赛"等活动。活动中，学生从同伴身上获得鼓励和帮助，并积极回报大家，小组的团结协作精神进一步加强。

第三，主题阶段化。主题的制定应建立在学生不同的发展阶段的基础上，要选择学生在当前阶段能够接受、感兴趣的主题，确保在每个阶段都有同伴互助的载体和平台。

例如，初入校园的学生互相还很陌生，这时候就需要让学生能够适应学校的环境，和新同学尽快成为好朋友。我们开展"新学期，让我来认识你"活动，通过破冰行动、自我介绍、同心圆游戏等方式让同学们迅速认识，消除距离感。到了初二，我们举行了"十四岁集体生日"活动，通过互赠礼物、互送祝福、为成长喝彩等环节增加了同学友情、激发了成长热情。到了初三，我们举行"拼搏路上，有你真好"活动，内容有同学之间互赠励志格言、"一加一学习共同体"展示学习目标等。在这些活动中，每个学生都像是一个发光体，照亮别人、温暖别人，也从同学身上获得温暖和信心。

二、着眼交往质量选择活动内容

面对充满活力的初中生，在活动内容的选择上，应遵循真实性和可行性这两个原则。这就要求班主任通过多种途径发现学生感兴趣的问题，并结合学校实际和学生真实情况来制定合理的、具有交往可能的活动内容。

在内容的选择上，一方面应该以学生为主体、以教师为协同，对于活动具体要做什么、采用什么样的形式等，让学生来做主，更好地满足学生的真实需求；另一方面应该发挥同伴交往的力量，可以让学生参与活动内容的制定，这样不仅能够增加学生的参与感，而且能够为深入的同伴交往打下基础，让同学之间更加了解和亲近，也让学生学到他人包容、友爱、无私的品德以及如何让自己成为一个受欢迎的人。从被分配的班级到产生归属感的集体，让集体成为教育手段和教育力量。

比如，"魅力男女"评选活动以无记名投票的形式评选出了班级十大"魅力男生""魅力女生"。采用写真秀的形式与照片 PS 技术，让"魅力男生"站上星光熠熠的舞台，让"魅力女生"被鲜花簇拥。当部分成绩欠佳的学生榜上有名的时候，他们产生了从未有过的自豪感，因为这种肯定是来自异性同学的。对青春期孩子来说，被异性同学肯定能让他们产生很强烈的心灵满足。这样的评比激发了学生内在的向善、进取的动力，让学生遇见一个更好的自己。育人于无形，润物细无声。

再比如，班级成功存折的设立让初三的拼搏蓄满能量。当初三的学习让人苦不堪言甚至想要放弃的时候，精心制作的成功存折汇集了同学的"凡人哲思"和"呐喊助威"。每位同学要给自己每周的表现加分，也要为伙伴加油、书写充满斗志的话语。每当收到一位同学的鼓励，学生的成功存折中就仿佛多了一个成功因子。他们真切地体会到，有一群伙伴和自己一样在披星戴月、咬牙坚持，奋斗的路上不孤单，成功的路上有人伴。就这样，那届初三，全班同学都考入了重点高中，小小的成功存折发挥出让人震撼的力量。

还有"感动一班"颁奖会、"我的好同窗"征文赛、"发明昵称"活动等，都是为了努力让学生得到同伴多方面的肯定。这些活动弥补了教师在评价学生上的片面性造成的不足，让评价更多地摒除了分数的影响，更加真实、纯粹，更受学生重视。多元评价让学生看到了丰富的自己。

三、强调团队合作，合理选择规模

促进同伴交往，首先应提倡小组合作、团队合作。为了保障学生交往价值的实现，我还做到以下两点：第一，以雁行小队为活动的主要载体，定期开展各项活动。同时建议几个小队进行合作，以扩大交往的接触面。第二，鼓励规模化参与。面对更为复杂的社会实践内容和对学生越来越高的要求，有必要扩大学生参与的规模，在小组合作的基础上拓展至班级间、年级间的合作。

初三寒假的社会调查活动，我们就采用了拓展的形式，以课题为任务，以学生生活的区域为组合的单位，拓展至班级间的合作。比如，"居民对我县海水淡化工艺水质满意度的调研"就让家住海滨小区的15名学生一起参加，"十九大以来渔民收入状况的调研"就由家住嵊山岛的23名学生共同完成；再比如，"美丽海岛民宿建设"在基湖村，就由家住那里的13名学生组织起来进行。这些聚合性的有意义的活动能够让学生之间的空间距离缩小、陌生感消减、心理距离拉近，使学生快乐而自觉地接受来自同伴的正能量的影响，并且提高学生多方面的能力和水平。

共同的学习生活、对种种困难的一起克服，让学生成为更有温度的人。这种付出毫不张扬，体贴而适切，就像"暖宝宝"给人带去的温暖。学生在爱的付出中成了一个个"暖宝宝"，让班级有了家的温暖。

第六章

呵护——在以心
育心中成长

第一节　破解苦口婆心之症结

"苦口婆心"一词常常被一些老师提起："经过我苦口婆心的教育，学生总算改正了缺点。""尽管我苦口婆心地教育学生，可他还是没有任何改变，我真的是无计可施了。"在现实中，类似后者的话往往会更多些。

在词典中，"苦口"意为"反复规劝"，"婆心"意为"仁慈的心肠"，"苦口婆心"是指"善意地又不厌其烦地劝导某人"，从感情色彩上来说是个褒义词，和"诲人不倦"是同义词。在传统的教师评价中，对学生能做到"苦口婆心"被视为良师不可或缺的一种品质。的确，称职的教师都怀着仁慈的心肠，以促进学生发展为出发点，对犯了错误的学生耐心规劝，而且不厌其烦地教导。就凭这善良的品质、文明的方式、持久的耐心，我们也应该为能够做到"苦口婆心"的教师点赞。但在现实中，为什么我们越来越多地感觉到"苦口婆心"的教育效果甚微甚至无效？这应该引起我们深深的思考。

一、教师的"婆心"应该和学生的需要合拍

可以说，绝大多数教师都发自内心地希望自己的学生健康成长、全面发展。他们的"婆心"真挚动人、不容置疑，但是为什么很多学生特别是中学生却并不领情甚至抗拒呢？我曾经在学校做过一个涉及师爱问题的调查，抽取 50 名教师，问他们："您热爱学生吗?"回答"热爱"的占 95％以上；然后对这 50 名教师所教的部分学生进行调查："你能体会到老师对你的爱吗?"回答"体会到"的仅占 35％。为什么数据会如此不对称？问题出在哪里？

1."婆心"的纯粹性值得反思

这里，我们把"婆心"理解为"师爱"和"付出"。每个教师努力工作的目的是双重的：既希望自己的学生取得好成绩，能够成才；又希望自己

的付出得到应有的回报，在考核、评优等方面得到认可，实现人生的价值。应该说，这两个目的是统一的，教育事业既培养学生，也成就教师自己。的确，当教师进行有效教学、布置适量作业就能使学生取得好成绩时，他们的"婆心"是双赢的。

而现实中，有些教师为了自己的学科取得好成绩，不顾学生的身体健康和全面发展，布置大量的作业，剥夺学生的休息时间，单科突进无法使学生做到学科均衡，还自以为是为了学生。这样的"婆心"已经不是"仁慈的心肠"，而是异化为了私心，纯粹性大打折扣。如果这样的教师在教育学生的时候还一个劲儿地口口声声说"我都是为了你们好"，学生就无法接受了。毕竟现在的学生见多识广、敢于质疑，教师打着"一切为了学生的发展"的旗号，私底下却只顾自己这一门学科的成绩，学生就会越来越反感这种"婆心"，和教师的心理距离也会越来越远。

2. 读懂学生最需要的"婆心"

苏霍姆林斯基说得好："教师技巧的全部就在于如何去爱学生。"师爱需要艺术、需要更新，教师的仁慈之心有着丰富的内涵和最具价值的体现。师爱的真谛是尊重、是宽容、是赏识，要想在爱的土壤里种出丰硕的成果，就需要用尊重的雨露灌溉、用宽容的阳光照耀、用赏识的肥料培植。

"尊重之心"是学生最需要的"婆心"之一。成长的过程是由学生内在的固有的基本需要推动的，那就是自尊和自主的需要。作为教师，一定要尊重学生的人格与感情，保护学生的自尊心。因为教育成功的秘诀在于尊重学生。

"宽容之心"是学生最需要的"婆心"之一。学生是成长中的人，不可能完美无瑕，他们表现出的问题其实是其内在成长需要的一种表达和呼唤。教师的宽容就是以理解、信任的强大精神力量给学生以自我反省与进步的空间。

"赏识之心"是学生最需要的"婆心"之一。有这么一副对联："说你行，你就行，不行也行；说你不行，你就不行，行也不行"，准确地道出了赏识的重要性。教师就应该满足学生需要赞赏和好评的心理。

二、要反思教师的"苦口"不能直抵学生心田的原因

前面讲到,"苦口"的意思是"反复规劝"。如果规劝的话语和方式符合学生的心理特点,教师所说的话就可以称为"金玉良言",反之,就会和"喋喋不休""唠叨"这些让人生厌的词语等同。

1."苦口"的方式不妙

魏书生先生说过:"改变一个人,一定要从行动开始,不要从口号、理念开始。"这句话在教育中是极有价值的。当前,我们更多的时候是采用说教的方式教育学生,但道理毕竟是抽象的,未成年的学生感性思维强于理性思维,他们喜欢听故事、不喜欢听道理。而大多数教师的规劝是以讲道理为主的。

其实,对学生的教育中,管束要求是下策,说教灌输是中策,启发引导是上策,体验感悟是上上策,促进自我构建是至上之策。这提醒我们,和语言有关的教育方式稍有不慎就会变成中下之策。最有用的教育手段是让学生多体验感悟,进行自我教育,建构自己的精神大厦。

2."苦口"的时机不佳

《墨子》里有篇短文《多言何益》——子禽问曰:"多言有益乎?"墨子曰:"虾蟆蛙蝇,日夜恒鸣,口干舌擗,然而不听。今观晨鸡,时夜而鸣,天下振动。多言何益?唯其言之时也。"当子禽向老师请教多说话有没有好处时,墨子告诉他:"蛤蟆、青蛙日日夜夜常常鸣叫,叫得口干,舌头都要烂了,然而却没有用。再看那雄鸡,按时在夜尽之时啼叫,惊醒天下的人们,使他们纷纷振作、行动起来。多说话有什么好处?只有在切合时机的情况下说话才有用。"

这篇短文道出了一个关于说话的普遍真理:说话不在于多少,而在于切合时机,抓住关键一语道破。也就是说,要抓住谈话的契机,这是教师对学生进行教育的最佳时机。一些教师在教育学生的时候常常按照"从快原则":如果第一节课学生产生问题,教师只要有时间,一下课或

者第二节课就马上找学生谈话，有时一谈就是一节课。这时候，学生还没有冷静下来，教师的心情也未能调整到位，谈话的效果可想而知。

3."苦口"的尺度超限

心理学上有一个专业术语"超限效应"，是指刺激过多、过强或作用时间过久，就会引起人们极不耐烦或逆反的心理。这让我想起关于马克·吐温的一个故事，他年轻时，有一次到教堂去听牧师的演讲。牧师关于捐款的演讲很有鼓动性，令马克·吐温十分激动，他决定多捐一点钱。但过了好长一会儿，牧师还在不厌其烦地啰唆，马克·吐温不耐烦了，他决定少捐一点钱。又过了很久，牧师还不打算住口，马克·吐温生气了，决定一分钱也不给。

联想到我们的德育，教师的"苦口"也类似这位牧师的演讲，让学生由开始的认同到后来的反感。这反映了教师规劝时的问题：以自我为中心，不注意"度"的把握，没有换位思考。凡事过犹不及，明明是正确的道理，在这超限之后就变成了一堆废话。教师讲得费时费力、口干舌燥、咽喉肿痛，学生站得腰酸背痛、听得头昏脑涨、不知所云。这样的"苦口"可以休矣！

三、让"苦口婆心"焕发教育魅力

前面用很多文字陈述了"苦口婆心"低效的原因，但并不是要全盘否定它。作为一种传统又最常用的教育方式，它并非没有可取之处。只要教师真正抱着一颗爱学生的心、懂得学生的心里所需、抓住规劝的最佳时机、把握好尺度，还是可以收到好的效果、焕发教育的魅力的。

1. 换位思考，找到入口

每个学生就像一座冰山，学生的表现就像冰山在水面上的部分，我们看不到水面下的学生的快乐、恐惧或悲伤，还有学生对自己、他人的期待与对归属感、安全感的渴望。如何看到水面下的这些东西？要靠教师放下身段、潜入"水中"，进入学生的内心世界世界。

要进入学生的内心世界，需要握住一把叫作同理心的钥匙。即站在学生的立场设身处地地体会他们的情绪和想法，并思考处理问题的办法，这样才能找到学生的内心世界的入口。通过与学生的交流，同理心较强的教师可以将学生内心隐含的没有表达出来的思想讲出来，并与学生一起探讨如何面对和化解问题。这样可以帮助学生更好地表达自我、探索自我、完善自我，促进学生对道德的自我构建。

2. 精心"备话"，言简意赅

教师们对备课都非常重视，但是很少有教师在和学生谈话前会"备话"，不准备的结果就是话语多而散，让学生难以消化。真正有效的教育其实是"精而新"的方式，而不是马拉松的状态。为此，我们要认真准备，强化时间观念，明确谈话的目的和表达的层次。"备话"时要先在脑海中梳理一遍事情的前因后果，再换位思考一下如果自己遇到这样的事情会怎么办。还要根据学生的性格特点想出不同的沟通语言，必要时准备好故事、音乐、微视频等。语言要简洁，不讲大道理，学会倾听，不搞"话语霸权主义"。言简意赅的交流既能收到实效，又为师生节省了大量的宝贵时间，何乐而不为？

3. 一事一议，不翻旧账

很多教师有"超强"的记忆力，会记住学生以前犯过的各种错误，甚至是很小的错误。比如学生没有交作业，有些教师会在批评学生的过程中把学生上个月迟到、上个学期忘记戴校牌的事情一件一件加以罗列，再"深刻总结"出一切错误都是学生缺乏责任心造成的，继而引申到学生由于缺失责任心将来可能会承受的后果。学生从最初的内疚变成不耐烦，进而产生"为什么对我的过失总是耿耿于怀"的想法。本来学生也许已经做好了改正的准备，但在教师无休止的批评之下，完全有可能破罐破摔，将错误进行到底。

因此，教师对学生的教育应是一事一议，一码归一码。犯什么错就针对什么错来谈，千万不要前后联系、左右拓展。还要坚持"犯一次错只批评一次"的原则，没有特殊情况就不进行重复谈话。因为教育的效果和次数常常呈反向关联，关键是提高一次性谈话的质量。

此外，教师还要不断创新"苦口婆心"的技巧，采用学生喜欢的交流方式如书信、字条、微信、QQ 等，充分运用肢体语言如充满希望的眼神、灿烂的笑靥、温暖的双臂等，让学生全方位感受师爱。

案例：我被学生踢出了 QQ 群

故事述说：

我又迎来了新一届初一同学，建一个班级 QQ 群是开学初要做好的各项常规工作之一。我让新当选的班长建群，班长又任命了他的三个好兄弟为管理员。等我一个星期以后加入时，发现全班同学基本上都加入了。这是一个纯粹由学生组成的群，没有家长。我加入的第一天和大家打招呼的时候，学生们有的送鲜花、有的送掌声，我开心得不得了。经过班干部们的商量，制订了班级 QQ 群守则，规定了不允许在群里发布不当言论、晚上十点之后不允许聊天等内容我心里暗自高兴：班干部的能力真强，一点也不用我操心。

我入群的目的一方面是为了方便发送各种通知，另一方面是为了及时了解学生们的思想动向，为班主任工作的开展取得第一手资料。我知道学生对班主任入群的心情是复杂的，他们既希望获得最新的资讯，又不想让自己在网上的表现被老师掌握。为了获得最真实的信息，我每次上线都会"潜水"，偶尔要发信息，也尽量委托班长，给学生造成一个假象：班主任虽然加入了 QQ 群，但是基本不在线上。

第一个月，我就这样偷偷地"潜伏"着，有时看到个别同学在交流游戏的心得，或者说某个任课教师的坏话，我也不去制止。原本我以为打开了了解学生思想感情的一扇秘密小窗，但我怎么也没有想到，不到一个月，我居然被踢出了群，这扇小窗彻底向我关闭了。

事情是这样的：一个周日的晚上九点，我打开了 QQ 群，照例把头像改为了"不在线"。我一边备课，一边看他们聊天。今天群里真是热闹，头像是彩色的学生占了绝大多数，大家纷纷在群里晒自己的"偶像"，有的晒王俊凯，有的晒金秀贤，还有的晒科比，一些动漫迷则晒起了柯南、路飞等。晒着晒着，同学们突然分成了两派：一派认为国内动漫比日本动漫好看，如《大鱼海棠》；另一派认为日本动漫更吸引人。这本来是一个很好的话题，能够通过对动漫的故事性和艺术性的探讨让学生明白动漫作品的内涵，一开始，我饶有兴致地看着他们你一言我一语地谈论着。突然，小包同学说了一句：喜欢日本动漫的都是汉奸、卖国贼！这句话可是惹恼了一大批人，有些动漫迷开始群起而攻之。小包一人难敌众人，就开始发送各种不好的图片。对方人多势众，也开始发送各种不好的图片。一时间，QQ群成了一个"血肉横飞"的战场，充满了混乱和肮脏。看着他们发布的图文，我刚开始觉得好笑。但是看到越来越多的学生使用各种肮脏的字眼骂同学的时候，我很震惊：一个个平时看上去那么有礼貌的孩子，在没有师长监管的情况下为什么会这么放任？如果他们现在面对面，肯定会大打出手。

尽管非常生气，但我还是保持"潜水"状态，以"偷窥者"的身份继续冷眼旁观，看他们能斗到几时，反正群里规定十点必须禁言。但是过了十点，他们激战正酣，丝毫没有偃旗息鼓的样子。到了十一点，我再也忍不住了，在群里发了这样一句话：你们今天的表现太让我失望了，不守规则，缺少教养，这个群早晚给你们玩坏！刚才热火朝天的对骂一下子停下来了，只有班长冒出一句：老师，原来你一直在呀？接下来我又发了一段长长的话，批评了同学们的无礼，这下群里彻底安静了。我觉得自己还是有威信的，这不，我一发声，大家连气都不敢喘了。

第二天，学生们都用异样的眼光看着我，我也以不满的眼神回击着他们。晚上下班我打开QQ，弹出了"已经被移出了群"。什么？是谁这么大的胆子，敢把我踢出群？我按捺不住气愤，打电话给班长，班长说可能是管理员干的。我又分别给三个管理员打电话，他们都否认是自己所为。看来，这四个人已经结成了攻守同盟。

学生为什么敢这么大胆？除了我训斥了他们，是否还有别的原因？过了几天，我找班长好好聊了一次。班长告诉我，大家对我经常"潜水"偷窥他们聊天的做法很不满，觉得老师没有拿他们当朋友，不够真诚。

想了解同学们的心思，找他们聊天就可以了，绝大多数同学是愿意说真心话的。再者，看到大家争吵，老师可以出来正确地引导，也可以加入其中一派、参与讨论，这样大家就会觉得老师和他们是贴心的伙伴。不能躲在后面"坐山观虎斗"，看到学生最率性也最放任的样子。

后续改进：

我认识到，班级 QQ 群是班主任联系学生的平台，也是学生之间交流学习生活的平台。管好这个平台，对学生健康成长意义深远。当然，首先要和学生建立信任感。班主任的信任是建立良好师生关系的基础，不要因为担心学生犯错就总想知道他们的一切，并且使用"猥琐"的形式，这样只会导致师生关系紧张。当学生犯错时，不要居高临下地批评指责，也不要喋喋不休。精练而略带幽默地指出学生的错误，然后给出具体的建议，才能破解"苦口婆心"之症结。

以后，我针对自己的不足，改进了 QQ 群的管理方法。首先，为QQ 群取名，赋予其一定寓意，让学生投票决定，并陈述选择的理由。通过此举，让 QQ 群真正成为师生的精神家园。其次，为保证 QQ 群健康运行，完善了相应的管理制度，要求所有成员必须严格遵守，发挥好QQ 群的正能量，保证 QQ 群的所有内容积极、健康。最后，丰富版块，扩展功能。QQ 群的版块要科学设置，增加教育学习和交流功能。可开设"指点迷津""教师寄语""教子有方""信息快递""心灵困惑"等多个栏目，要对相应版块做出分工，每一个版块的内容都有专人负责，保证及时上传相关信息、处理学生困惑。经过这些改变，QQ 群运行更加规范，我也重新加入了。

第二节　找到读心术的密码

网络上有一个帖子："教书是一场盛大的暗恋，你费尽心思去爱一群人，最后却只感动了自己。真是'学生虐我千百遍，我待学生如初恋'。真是感觉不会再爱了。"这个帖子很受教师们的追捧，主要是它契合了部分教师的心态——自己努力付出却无法得到应有的回报，有一种深深的挫败感和无力感。

那么，是什么原因造成教师"只感动了自己"呢？很多教师会把原因归结到学生不懂事和不感恩上，而很少从自己的身上找原因。事实上，原因的确来自师生两方面，但教师应该更多地从自己的身上查找原因：我们的师爱的立场和出发点有没有问题？我们有没有根据学生的需要来给予他们针对性强的爱？我们有没有放下高高在上的师道尊严，去真正了解学生的需要？要知道，随着信息化的发展与家庭对子女教育的重视度的提升，现在的孩子有更多的机会"读万卷书，行万里路"，他们的阅读面更宽、见识更广、思考问题更有深度和自己的独特性。现在的孩子已经不同于过去的学生，如果我们只凭借过来人的身份想当然地推测他们的内心需求和成长规律，那就犯了经验主义的错误。我们的教育就是无的放矢、隔空放炮，只能是一厢情愿，收效自然低下。

波利亚曾说过：教师讲什么不重要，学生想什么比这重要一千倍！这位美国教育家用"一千倍"这样的形容来突出教师探究学生的想法的重要性。读懂学生是走进学生心灵的前提、是我们正确施教的基础、是制订教育策略的关键，所以，我们就要想尽办法了解学生的所思所想和心理需求。

首先，了解学生是教育好学生的前提。教育是育人的事业，古人云"知其心，然后能救其失也"。育人先育心，只有了解学生内心的真实想法，才能明确教育的方向、制订恰当的策略，起到对症下药的作用。

其次，了解学生是建立和谐的师生关系的保障。正所谓亲其师才能信其道，班主任了解了学生，才能站在学生的角度、多从学生的立场看问题，也才能赢得学生的信赖。和谐的师生关系就是这样建立起来的，它是教育产生成效的根本。

最后，了解学生是建设好班集体的基础。学生是班集体的细胞，班主任掌握了学生的心理特征、性格爱好、家庭状况，有助于其更好地开展工作，更加有针对性地和学生一起制订班级的目标与制度。

　　那么，班主任了解学生的途径有哪些？应该从哪些方面去了解学生呢？

　　要了解学生的各个方面：不仅要了解他们在校的表现，而且要了解他们在家的表现；不仅要看到他们日常的表现，而且要探究他们的行为背后的内因。了解学生是一个过程，不应只在新学期开始时进行，应贯穿整个教育过程，尤其要关注学生在重大活动比如考试、比赛等前夕的各项表现。还要学会运用多种科学的方法，经常关心、了解学生的近况。

一、了解学生个人外显的一般情况

　　学生个人外显的一般情况包括成长经历、生活习惯、学习习惯等。在学习方面，了解学生曾在什么幼儿园和小学就读、喜欢哪些学科、什么学科是强项、最不擅长的学科是什么；在爱好和特长方面，了解学生有什么特长、参加过哪些比赛(包括个体的比赛和团体的比赛)、平时喜欢做些什么、喜欢阅读什么书籍、周末在追什么剧或者在玩什么热门的游戏；在身体健康方面，了解学生有没有生病住院的经历、对哪些食品和药品有禁忌以及视力和体重等基本信息，对女生还要了解初潮的时间、每个月例假的时间及其正常与否。

二、了解学生内隐的个性心理特征

　　每个学生都是一个独立的个体，有独特的心理特征。不同年龄段的学生心理特征不一样，即便是同一年龄段的学生，心理特征也有差异。学生的个人成长经历往往会影响其心理健康，许多学生心理有问题是因为某些不愉快的成长经历留下了心理阴影。因此，班主任可以以问卷的形式请学生把不愉快的成长经历写出来，然后通过"把痛苦的经历扔进垃圾桶"等有仪式感的行动让学生尽快忘记过往。

　　班主任还要了解学生的气质，以便对不同气质的学生提出不同的希望：对多血质型学生，要鼓励他们向困难挑战，但遇事要细心冷静；对黏液质型学生，要增强他们的自信、稳定他们的情绪；对抑郁质型学生，要针对他们较为内向、言行缓慢、优柔寡断的特点，鼓励他们多与他人交流，做事要果敢；对胆汁质型学生，要肯定他们反应迅速的优点、希望他们克服脾气暴躁的缺点。

三、了解学生的家庭情况和亲子关系

要了解学生的家庭结构。古语云"橘生淮南则为橘，生于淮北则为枳"，家庭环境对于一个人有着决定性的影响，班主任应该通过家访、电访等形式了解学生在家中的表现。应该知道学生的家庭的基本结构，是双亲家庭还是单亲家庭。还有平时是谁带孩子的时间比较长，谁在家庭中拥有比较大的权威，孩子最听谁的话、服谁的管。了解这些能让我们和最有影响力的家庭成员组成联盟，找到家校合作的最佳途径。

对单亲家庭的孩子，要清楚孩子跟谁生活、父母离婚之后的生活费如何支付、离婚前后父母发生了哪些矛盾和纠纷，特别是离婚后父母关系如何。把握这些情况有助于我们及时了解单亲家庭的孩子在情绪上的突然变化，找到舒缓孩子情绪的突破口。

通过家访，还要把握家长的基本类型。一般来说，绝大多数家长对孩子的教育是重视的。我们可以把家长分为以下三种类型：一是爱孩子又懂教育的家长。这类家长明白教育需要学校和家庭的双重力量，平时十分配合老师的工作。这类家长是老师可以依靠的对象。二是爱孩子却缺少教育策略的家长。这类家长占大多数，他们愿意承担孩子的教育责任，但是不善于和青春期孩子对话，往往付出很多却只得到挫败感。这类家长只要好好引导、主动学习，也会成为优秀的家长。三是推卸责任的家长。这类家长以为教育就是学校的事情，家长只需要负责孩子的生活，对老师反映的孩子的问题无法正面面对，把责任都推给老师。有些家长甚至只顾自己吃喝玩乐，使得孩子缺少爱和安全感。这类家长是不会好好配合老师的，需要老师尽力引导。

四、了解学生的交往圈

对于青春期孩子来说，同伴关系尤其重要。同伴会影响孩子各方面

的发展，所以我们还要了解孩子的好朋友有哪些：在同伴关系中，谁是孩子的知心朋友，谁是孩子的一般玩伴；在异性关系中，谁是孩子崇拜或者暗恋的对象，谁是支持孩子的知己。了解了学生的交往圈，班主任就可以在学生遇到问题的时候巧妙地利用同伴的力量给学生以支持和帮助，而不是事必躬亲、事倍功半。

正如一首歌曲中所唱的那样："读你千遍也不厌倦，读你的感觉像三月。"读懂学生，才能读懂什么是真正的教育、预防学生犯错误，让教育真正走进学生的心灵。

案例一：乖乖女作弊记

故事述说：

小雅是我们班的乖乖女，虽然成绩一般，但是十分遵守学校纪律，为人也很和善，我对她的在校表现是满意的。对她的作业，我尤其欣赏——字迹娟秀，回答周密，表达优美。我经常把小雅的作业向大家展示，看得出来她很享受我的夸奖。作业质量也就一如既往地优秀。时间一长，我也有些疑惑：作业中的阅读题难度还是挺大的，就算学习委员也会经常出现审题不仔细、回答不严谨等问题，为什么小雅的作业每次都和标准答案这么接近呢？

有一次，我忍不住旁敲侧击："小雅，你阅读题做得这么好，有什么窍门呀？千万不要上网查答案呀!"听到我这么说，小雅一脸无辜的样子，告诉我作业是她自己深思熟虑的结果。但是一到单元考试，她的试卷就和她的作业大相径庭了，错误率很高。我在将信将疑中观察着小雅的成长。

期中考试到了，语文考试刚结束，监考我们班的吕老师就交给我一张字条，告诉我这是小雅递给前面的同学的，想问试卷第八到第十题的答案。吕老师发现后，怕影响小雅考试，准备对这件事淡化处理，先让小雅把所有的科目考完，再把字条交给政教处。我得知这事后，非常惊讶：一下平时看起来那么文静的女孩怎么有这么大的胆量，胆敢在两位监考老师的眼皮底下做出如此举动？尽管很生气，但是我考虑到还有几门科目的考试要进行，就暂时没有找小雅谈话。

考试全部结束后，我把小雅叫到无人的角落，对她说了这件事情的严重后果以及学校正在准备给她处分的事情，并表达了我的失望之情。我让她回家后好好反思检讨，准备承担后果。她哭着离开了学校。我忙着处理班级其他事务，也没有及时和家长打电话沟通。

到了晚上七点，小雅的妈妈打电话过来，说女儿还没有到家，不知道去哪里了。我听了十分着急，万一孩子想不开可怎么办呀？我马上来到了小雅家，家里已经聚集了很多亲戚，有爷爷奶奶、外公外婆等。小雅的奶奶得知孙女是在被我批评后不见了，很气愤地指着我的鼻子威胁道："要是我的孙女有个三长两短，我就和你拼了！"我当时无言以对。大家决定兵分三路寻找：一路去沙滩，一路去码头，还有一路去山上。一直到凌晨两点，终于在小雅家的屋顶找到了她。原来她回家后没有进家门，而是直接顺着梯子爬上了屋顶。孩子找到了，大家都松了一口气，事情总算告一段落了。

反思悟道：

回家之后，我一直在思考：一个看上去那么乖巧的女生为什么会做出作弊、试图轻生这样称得上"惊世骇俗"的事情？我和小雅的妈妈进行了深谈，了解到小雅从小深得长辈们的宠爱，大家对她寄予了深切的希望。小雅也很懂事，知道好成绩是回报家人的最好礼物，经常在回家后告诉长辈今天她的作业又被范老师表扬了，这样的一次表扬可以换来家人好几天的开心。小雅为了得到我的表扬，每天的作业都做到很晚，而且确实有上网查答案的行为。妈妈也曾经提醒她，但是她觉得为了不辜负老师和亲人的期待，一定要交上一份尽善尽美的作业。

看来，小雅想获得认同、追求完美的出发点是没有错误的，但路走偏了。长期上网查答案让她产生了强烈的依赖心理，独立思考的能力越来越差，以致形成了作业和考试"两张皮"的现象。这也使得她的虚荣心膨胀，才做出了作弊的举动。小雅就像在一帆风顺中生长的温室里的花朵，一得知要接受风吹雨打，就采取逃避的方式来面对，用试图轻生来转移我们对这件事情的关注点。

很多教师在看到孩子这样的表现后都会心有余悸，暗暗提醒自己以后不要再去管了，熟视无睹是对待这种动不动就想轻生的孩子的最好方式。但是教育者的使命和责任感告诉我，这件事没完。

后续改进：

在这件事情上，我犯了两个错误。一是当初意识到小雅可能在抄袭时，我应该通过家访、辅导等方式把她点醒，让她及时意识到抄袭的危害，而不是在将信将疑中选择相信她并多次表扬她的作业。二是在考试结束后找小雅谈话时，我没有调整好自己的情绪、没有给她安全感和包容心、没有向她说明处分的方式，让她觉得受处分相当于末日到来。

第二天，我和小雅进行了真诚的交谈，向她承认自己粗暴的言语给她带来了伤害，也肯定了她上进心强、孝顺长辈的美好品德，然后指出了这两件事情给她本人、班级、亲人造成的困扰和影响。在我的耐心开导下，小雅诚恳地向我承认了错误，表示愿意向吕老师和全班同学道歉。我又找到了政教处老师，希望看在小雅平时一直表现良好的分上缩小处分的影响面，不在全校大会上宣布，而在教室里宣布。最后，学校也同意了我的建议。

后来，小雅的作业不再抄袭，虽然错误率高了，但是我更高兴了。对一个学生来说，有什么比诚实的美德更重要呢？

第三节　把握转变的教育契机

教育契机是指在教育过程中事物发展变化的关键枢纽，它是决定性的环节，也是教师对学生进行教育的最佳时机。那么，教育契机在哪里呢？其实，教育契机时时有、处处有，就看我们有没有一双慧眼及时发现并用好它。

有这样一种现象：驯兽师训练动物并不是任何时候都能进行，要选择动物身体状况良好、心情愉悦的时候进行训练，才能达到驯服的目的。否则，不但无法顺利进行训练，说不定动物们还会让驯兽师"吃不了，兜着走"。班主任工作也一样，思想工作不是任何时候都能奏效的，教师要有农夫的心态。农夫种田要随时关注秧苗，教师也要时刻观察孩子。何时播种、何时施肥、何时喷洒农药等，农夫要心中有数；孩子出现了什么状况、该针对哪些方面进行教育、何时教育比较合适等，教师也要心中有数。倘若不善于捕捉教育契机，有可能事倍功半甚至适得其反。

一、发现并把握教育契机要有四项本领

在日常的班级管理中，教育契机经常出现，但跟机遇一样，它是不规则、稍纵即逝、可遇而不可求的，如果错过，教育效果可能就不明显。著名心理学家威廉·杰姆士曾说过："教师要善于捕捉教育契机，就是要捕捉心理变化规律，有意识地运用心理学原理去观察行为，认识、分析和解决问题，确定教育的重点，提高工作的效果。"

教育契机分为两种：一种是已有的，看教师如何捕捉、驾驭；另一种是教师设置的，看教师如何创造、设计。捕捉教育契机，然后采取相应的教育手段，是一种很有效的教育方法。抓住了教育契机，才能使教育更有"渗透力"，取得更好的教育效果。

发现并把握教育契机，要求班主任拥有四项本领：一是要有敏锐的"眼"，像孙悟空那样有"火眼金睛"，善于发现学生成长过程中的"盲区""误区"；二是要有善听的"耳"，能耐心倾听学生的诉求和心声；三是要有睿智的"脑"，善于思考，分析问题的根源和现象背后的本质；四是要有会说的"嘴"，能做到循循善诱、现身说法、故事启发等。一句话，就是要求班主任善于敏锐地识别教育契机，及时抓住并加以利用。

二、抓住教育契机引导转化

学生总会在一些特定的时间点暴露出真实的情感，情绪达到极点的时候往往是他们最真实的时候。引导学生的最佳时机有：当学生兴奋激

动时，当学生思想波动时，当学生产生盲区时，当学生情感迷茫时，当学生矛盾纠结时，当学生突发事故时，等等。

(一)当学生充满期待时

心理学中有个"首因效应"，指交往双方形成的第一印象对今后交往关系的影响，也就是"先入为主"带来的效果。虽然第一印象并非总是正确的，却是最鲜明、最牢固的，并且决定着以后双方交往的进程。如果一个人在初次见面时给人们留下了良好的印象，那么人们就愿意和他接近，彼此也能较快地取得相互了解，并且会影响人们对他以后的一系列行为和表现的解释。这种心理倾向在刚跨进中学大门的初一新生身上表现得尤为突出，我们要及时发现并加以肯定，帮助学生塑造新的"自我"。

案例一：给学生一个难忘的开学记忆

又到了开学季，每学期的开学报名工作都是纷乱而重复的，不外乎收假期作业、检查学生的仪容仪表，班主任一个人忙得团团转。特别是初一新生来报名的时候，往往有家长陪伴，教室里挤满了人。如果用一个字来概括，班主任的感觉是"忙"，学生的感觉是"热"，家长的感觉是"乱"。

如何改变这种低效、混乱的报名方式，给学生一个难忘的开学记忆呢？我设计了"四个一"活动，先逐一发短信通知家长报名的时间、地点和所要携带的物品，特别强调家长不要陪伴，请孩子上午八点准时到三楼的教室。在这里，"四个一"活动开始了。

第一次男生当家

报名前，我一看班级名单，24名女生、16名男生，男生比女生少了8人。我心想，初一阶段男生的发育较女生迟缓，待人接物和做事的能力相对会弱一些，加上人数少于女生，可能会形成"女强男弱"的局面。为了培养男生的才干，也为了让女生看到男生的优良表现，这次报名工作就全部由男生来完成。我把16名男生分成四个大组，一组收取保险费，一组检查仪容仪表，一组检查户口簿，还有一组检查作业的完成情况。

男生们各司其职，认真地履行着职责，很快，该做的工作都完成了。在作业检查环节，学生们以六人小组为单位围成一圈，互相翻阅并评价假期作业，最后由小组中的男生综合大家的意见选出小组最佳作业，写出理由，到讲台上来点评。

这期间发生了一个小插曲，两名收取保险费的男生突然发现钱对不上了。仔细核对账本后，发现记账的同学先记下了名字，但收钱的同学却忘记收取了。最后仔细清点，发现一分不差。这种状况其实在我的预料之中，两个孩子第一次拿到这么多钱，难免会出一点小状况。我再次提醒了他们要注意的事项，也为他们认真负责的精神点赞。这件事也培养了两名男生细心、严谨的作风。

第一次男生当家体现了"自主合作"的班级管理理念。学生能够完成的事情，教师就不要插手，尽量多创造让学生互动的机会，使学生在合作中锻炼能力、提升自我。

拍一张最美的开学照

进入初中是孩子人生中的一个重要时刻，如何为孩子留下宝贵的影像资料，给他们留下深刻的印象、让他们产生自豪感？拍一张最美的开学照就是不错的做法。

我带领孩子们来到校园中心区，这里有雕塑、花坛，是取景的好地方。我要求孩子们摆出一个最美的POSE，要与众不同。孩子们果然很有创意，摆出各种优美的姿势。几个男生特别好玩，或双手交叉放在胸前、霸气十足，或双手插在裤兜里，优哉游哉，或做出和雕塑一样的姿态，一比高下。

我又叫孩子们写下新学期最大的心愿，用美图秀秀软件把这些心愿都嵌入照片中，一张张图文并茂的心愿照就诞生了。

我还请班里几个会设计的学生把照片布置在了展板上，给班级增加了亮丽的风景。

第一次做好事亮相

个人亮相了，集体还得亮相。集体亮相的目的是增强学生的集体荣誉感，培养他们的凝聚力。要让学生知道，他们的班级是与众不同的。

刚开学时，校园的卫生状况不佳。我想到了让学生美化校园环境，为校园的美丽整洁出一分力。我从团委借来了红色的义工服装，分配好任务后，学生们就开始热火朝天地干起来。他们拔去草坪上的杂草，把校园里的垃圾捡得干干净净，赢得了学校师生的一致夸奖。

第一次学长经验介绍会

刚进入初一的孩子们对初中生活充满了向往和好奇，但是懵懂的他们必定会遇到很多问题。为了能够让他们少走弯路，尽快融入中学生活，我邀请刚收到大学录取通知书的三年前我带的毕业生来到教室和新生聊天。我事先布置了话题，如怎样和新同学相处、如何进行自主学习、如何听课最有效等。十多个学长分散到各个小组中，和新生们轻松地交流，新生们还提出了许多新问题。在一个多小时的学长经验介绍会上，不时可以看见新生们投以美慕的眼光并赞许地点头，听到他们的赞叹声。

活动结束后，我听到几个孩子在议论，要像学哥学姐那样多自主学习。他们还商量着下课后要去买些课外书籍，今后也要考上学哥学姐即将进入的大学。这项活动消除了大家对初中生活的恐惧，使大家获得了宝贵的经验。

"四个一"活动给初一新生完全不同的感受：报名工作可以小鬼当家，自己就是班级的小主人；最美的开学照寄托美好愿望，要努力让它变成现实；义工精神广获好评，优秀的班集体要有奉献精神；学哥学姐的经验很宝贵，要认真汲取并珍惜韶华，成为出彩的中学生。他们对这样的开学有了一个深刻的印象，但愿这次活动能够助力他们尽快迈上新台阶。

总之，班主任要不失时机地抓住这一效应，精心导演好集体主义教育的"开场戏"，唤起学生们对新学校、新班级、新老师的憧憬与希望。

(二)当学生出现第一例违纪事件时

心理学中有一个理论，叫"破窗效应"，说的是如果有人打坏了建筑物的一扇窗户，而这扇窗户又得不到及时维修，别人就可能受到某些暗示性的纵容，去打坏更多的窗户。这给我们的启发是：任何一种不良现象的存在都在传递着一种信息，这种信息会导致不良现象的无限扩展。所以，班主任对那些看起来偶然、个别、轻微的"过错"必须高度警觉，如果对这种行为不闻不问、纠正不力，就会纵容更多的人去"打坏更多的窗户"。

当班级第一次出现乱换座位、故意不去跑操、考试作弊等现象时，我们就应该把这些第一次当作教育全体学生的契机，把可能扩散的问题消灭在最初的阶段。

当班级第一次出现旷课现象时，我是这样处理的：

案例二：给王者荣耀"找碴儿"

故事述说：

周一早上，小周没有来上学。周妈妈打来电话说孩子不愿意来上学，因为他最近和爸爸妈妈闹上了。起因是小周不好好做作业，总要把手机带在身边，说是查答案，其实是在玩游戏。原本小周每天晚上睡觉前会把手机放在客厅的茶几上，但是小周爸爸昨天凌晨两点半起来上洗手间，发现手机不在老位置，打开小周的房门一看，他玩得正酣。周爸爸怒不可遏，夺过孩子的手机就摔在地上，发誓再也不给小周手机了。小周这下发了狠，不给手机就不去上学，任凭周爸爸打骂、周妈妈哄劝，一律没用。小周的父母只好请我劝小周去上学。我问周爸爸他儿子玩的是什么游戏，周爸爸说是王者荣耀。

最近我们班男生沉迷王者荣耀的不少，小科、小山、小健等都是这款游戏的忠实粉丝。他们学习不专心、成绩下滑，令家长一筹莫展，但是还没有发展到不来上学的地步。

我把小周、小科、小山叫到办公室，请他们谈谈喜欢打王者荣耀的原因。小周认为，打王者荣耀可以放松身心、减轻学习的压力，还可以通过升级获得成就感和价值感。小科则认为，他体育差、个子小，下课没有人和他玩，在班级里他原本朋友不多，而通过打王者荣耀可以交到很多朋友，他和同学们的共同话题多了，下课也能和大家玩到一起去了。小山甚至认为，自己社会学科学得不好、知识面不宽，通过打王者荣耀，他知道了很多历史人物的故事和朝代变迁的知识，也因此对社会学科产生了兴趣。

当我问打王者荣耀对他们有什么影响时，他们也承认有影响，认为玩网络游戏非常耗时间，尤其是要升级必须花不少时间去练习，否则很难升级，但级别高了以后，又不舍得放弃，只好投入更多的精力和时间去玩。这样一来，自然要去买更多的游戏卡或装备。看来学生喜欢王者荣耀各有各的理由，但是有一点是共同的，就是玩游戏是他们获得成就感和价值感的渠道之一，是一种不一样的童年模式。

为了掌握更准确的信息，我做了一次不记名的调查。根据调查结果，班级里喜欢王者荣耀的男生占总数的三分之二。其中一半相对比较有自制力、能够限定时间，而另一半则比较沉迷。

反思悟道：

网络信息时代是虚拟世界和现实世界之间的矛盾加剧的时代，也许是我们该认真去研究和了解虚拟世界的时候了。不难发现，学生追捧王者荣耀游戏的理由不外乎这样几个：

第一，游戏满足了学生娱乐、休闲的需要。成长中的孩子需要玩，玩是孩子的天性。孩子不要在大自然中玩，也要在网络中玩。而且网络娱乐不受时空限制、更加生动有趣、充满挑战和刺激，也更容易让学生获得成就感、消除学习带来的紧张感、以最便捷的方式完成压力的宣泄。

第二，孩子玩游戏是出于对外面的精彩世界的好奇，也是出于自我意识的觉醒。孩子到了小学中高年级的时候，基本上就开始对智能电子设备、游戏等产生极大的渴望。这份渴望实际上是出于对外面的精彩世界的好奇，是孩子成长的一部分。痴迷游戏的孩子的自我意识开始觉醒，他们以前依附于大人，现在要建构一个自我的世界，而游戏就像这个世界。

第三，学生对于游戏的依赖还来源于他们对社交的需要。学生需要朋友，朋友在他们的成长中的作用至关重要，他们以游戏为媒介结交朋友、建立友谊的现象是很普遍的。

后续改进：

游戏是现代生活的一部分，一味将其与孩子隔绝既不必要也不现实，而且实际上是在将孩子与同龄人区分开，可能会影响孩子的自信心和骄傲感的建立，还可能引起孩子的叛逆行为，造成无法想象的后果。

第一，了解孩子的需要。

要保护未成年人，首先要了解、尊重他们的生活方式和文化符号，避免简单的标签化和妖魔化，然后才能真正从未成年人社会化过程中的各种社会情境和生活需求出发，逐步改进家庭关系中不合理的地方。

第二，善于化弊为利。

王者荣耀的等级机制之所以能够吸引学生，靠的是严格的升级制度，让学生随时获得成就感。我巧妙地学习王者荣耀的激励机制，开展了英语单词挑战、古诗积累等比赛。

我还举行了王者荣耀"找碴儿比赛"。王者荣耀中有几百个历史人物，对学生来说，用玩游戏的方式学习历史知识是有趣的。但是这个游戏中有很多情节和人物是错位的知识点，正好可以利用这一点开展"找碴儿比赛"，比如确定荆轲所在的年代和故事、鲁班的技术和贡献等。这个活动可以让学生更好地巩固历史知识，分散在游戏中的精力。

第三，家校联合，制定规则。

我与家长取得联系后，和孩子一起坐下来冷静地交流，并与孩子签订协议：在作业完成之后，保证其在适宜的时间玩游戏。家长及时跟进，监督实际情况。

(三)在重要的日子里抓住机会

教育契机有很多，但是最重要的是"重要日"。所谓"重要日"指的是学生生命中最值得纪念的日子，如开学第一天、新年第一天、学生的生日等。这样的日子天然具有不一样的意义，是对学生开展教育活动的最佳时机。

新年第一天孕育着新希望，是人们最重视的日子，我们每年都要举行"迎接新年第一缕曙光"的活动，留下同学们朗朗的笑声和青春的合影。活动包括到海边迎接日出、朗读巴金的《海上日出》、向家人送祝福、放漂流瓶、沙滩游戏等。

出发前一天，大家已经把新年畅想放入了漂流瓶里，用红丝带扎好漂流瓶。元旦的凌晨，天色还是朦朦胧胧的，同学们已经兴奋地汇聚在学校门口。大家举着队旗、唱着队歌，在晨光熹微的海边等待日出。当一轮红日从海平面上冉冉升起的时候，同学们激动地在沙滩上奔跑，想要拥抱阳光。随后我们来到大桥上，把漂流瓶投向大海。大家虔诚的目光追随着漂流瓶远去的方向，心中充满了热切的向往。

学生的生日也是非常重要的日子，在这一天，为小寿星播放个人相册、齐唱生日歌、赠送生日礼物都是我班的传统活动。如果庆祝生日时发生了小插曲，就应该特别关注，加以引导。

案例三：礼物风波

故事述说：

日历翻到了6月5日，今天是东宇的生日，又到了为学生过生日的时候。

我一直认为学生的生日对他们来说是一个重大的日子，专门为每个学生过生日既是对他们的重视，也是让他们体会到集体的温暖、教师的关爱的契机。因此，每逢学生的生日，我们会完成四个"规定动作"：晨会课集体唱《生日快乐歌》，播放小寿星的靓照，班主任赠送一件礼物，小寿星为班级和父母各做一件好事。活动中，小寿星们欢天喜地地从我手中接过礼物，感受着我对他们的浓浓祝福；我也在他们感激的话语中享受着付出的快乐。

送给学生的礼物价格不贵，才二三十元，但是颇费脑筋，要投其所好、精心挑选。我知道学生大多喜欢动漫人物，就在县城唯一的动漫礼品店办了一张会员卡，专门去那里购买礼物。给女生送的多为小猪佩奇、海绵宝宝的笔筒和皮夹之类，给男生送的包括柯南、火影忍者等动漫人物的模型。有时，也送给学生一些介绍学习方法的书籍。

今天，我该送给东宇什么礼物呢？我一边在电脑上整理他开学以来的照片，一边思考着。东宇是个特别活泼好动的男孩，从照片上他各种搞怪的动作就可以看出。事实上，他也的确是一个大家都喜欢的"小活宝"。我想，他一定会喜欢造型夸张的人物模型。

中午休息时间，我去动漫礼品店为他选礼物，看到有一个动漫人物身披飘动的红袍，头戴高高的画了骷髅图案的黑帽，肩上还扛了一把大大的锤子，小眼睛、长鼻子，最夸张的是两撇红色的八字胡须威风凛凛地翘着，几乎占据了半张脸。我觉得这个动漫人物挺独特的，但是不知道他叫什么名字，更不了解他的故事。听店主介绍，这是日本动漫《海贼王》里的人物。

当我高高兴兴地把礼物交给东宇时，我觉察到他并不是特别高兴，但是出于礼貌，他还是道了谢。第二天，我无意中看到他桌上摊开的本子上写了一段话："这是什么烂礼物，太恶心了，难看死了，我已经把它扔掉了"。显然，这是他写给前桌同学看的。想到自己一片好心却换来他如此嫌弃，我很生气。真想当场就骂他一顿、出口恶气。我决定冷落东宇几天，让他自己去反思一下。

后续改进：

两天后，我平静下来，想到自己肯定是什么地方做错了。估计班级里还存在这种不感恩别人爱心的事情，何不把它作为一个案例，让大家讨论讨论？于是，"如何对待礼物"的微型班会课就开始了。

首先我请东宇说说为什么讨厌这份礼物，他扭捏着说："我可不是吹牛大王。"我听了丈二和尚摸不着头脑，坐在他前面的小刚连忙解释："老师，您送的这个礼物是《海贼王》中的人物，名叫乌索普。他小时候很顽皮，爱说大话，但是后来变得很好。东宇读小学的时候也爱吹牛，同学们送他一个绰号'吹牛大王'。现在他长大了，觉得自己已经改掉了这个坏毛病，可是您却在他过生日时送了他这个礼物，他觉得您是在讥笑他。"原来如此，我这才明白错在自己，是由于自己对学生和动漫人物的不了解导致爱心被误解。

然后，我请看过《海贼王》的同学讲讲乌索普的故事，一个个有趣的故事让大家听得津津有味。特别是当听到乌索普和路飞并肩作战、取得胜利的时候，我看到同学们的眼睛都亮了。我对乌索普的评价是：一个人即使说过大话、顽皮捣蛋过，只要是一个正直、有用的人，就是值得尊重的。大家听了不住地点头，纷纷问东宇把乌索普的模型扔到哪里去了，能否捡回来送给他们。这时，我看到了东宇惭愧而后悔的神色。他低声说，礼物已经转送给别班的小泽了。

最后，我们讨论了应该如何对待别人的爱心和礼物这个话题。如果别人送的礼物你不喜欢，你应该怎么做？送给别人礼物后如果后悔了，能否再去要回来？孩子们还是能够分清是非的，他们都觉得要以一份感恩的心收藏礼物，并且懂得回馈和报答。而且"一言既出，驷马难追"，送给别人礼物后再后悔也是绝对不可以要回来的。至此，节外生枝的"礼物风波"就在老师的道歉和学生的自我教育中完美地平息了。

反思悟道：

这个案例可谓"一石三鸟"。一是使我意识到任何爱心都要建立在对学生的了解的基础上，要给学生想要的，不要一厢情愿地给予。正如苏霍姆林斯基所说的那样，教师的全部技巧就在于如何爱学生。而爱的真谛是懂得学生的内心，是尊重学生的情感，是激发学生向上的能量。二是教育了东宇，让他懂得了每个人都是不完美的，只要他追求正义、真诚善良、做个好人，即使有小缺点也没有关系，有缺憾的人生才是完整的人生。三是教育了全体学生。经过充分的挖掘，小小的礼物拥有了丰富的德育资源，包含了爱的哲学和人生的道理，让学生们懂得了要珍惜爱、理解爱，从而更好地报答爱。

教育契机无处不在，我们只要用慧心就一定可以找到它，并让它成为转化学生的关键。

第四节　追求育人于无痕的艺术

教育的最大魅力在于无痕，即润物细无声、春风化雨，让教育不带有浓重的印记，让学生感到自然、亲切。要做到育人于无痕，关键是要尊重学生。如果说没有爱就没有教育的话，那么离开了尊重同样也谈不上教育。爱默森曾说："教育成功的秘诀在于尊重学生。"作为教师，一定要尊重学生的人格和感情、保护学生的自尊心。

对于成年人之间的尊重，大家已经形成了共识。但是让教师尊重学生，有些教师就接受不了，认为学生是孩子、是受教育的对象。殊不知陶行知早就谆谆告诫我们：人人都说小孩小，小孩人小心不小，你若小看小孩小，便比小孩还要小。学生在某些领域的知识量比不上成年人，但在人格品质、其他能力等方面都不一定会逊色于成年人。所以，教师一定要尊重面前一个个充满个性的学生。

一、在细微处尊重学生，彰显无痕魅力

(一)在课堂细节处体现尊重

有了尊重的理念之后，需要的是尊重的行动。教育工作本来就是平平淡淡的，没有轰轰烈烈的大事。但是育人无小事、处处皆教育，细节决定成败，就要把这种尊重体现在细节中。

遇到早到的学生，问一声"早"，由衷地为其点赞；当值日班长忘记了自己的职责时，不要大声批评，而要走过去轻轻拍拍他的肩膀悄悄提醒；当课代表穿梭于教室、认真收着各种本子时，记得对他们说声"辛苦了"；当学生提醒你别把手机落在讲桌上时，由衷地说一声"谢谢"。

　　提前 2 分钟去候课，和学生拉拉家常；开始上课时，大声向学生问好，鞠躬问候；叫学生回答问题时，张开右手，做出"请"的姿势；对学生的回答保持专注倾听，并予以高质量的点评和肯定。

　　下课时，不要急着离开教室，而要在教室里停留片刻，看看学生还有什么疑难问题要提出。走到学生身边，对那些专心听课的学生拍拍肩鼓励一下，对那些不专心听课的学生用幽默而智慧的语言委婉地提出告诫，希望他们下次改正。

(二)在师生交谈中体现尊重

　　当学生犯错误的时候，很多班主任总是会把学生叫进办公室来谈话。办公室里经常有很多老师，犯错误的学生一进去，紧张、焦虑的情绪就更甚。对于处在青春期的学生来说，在这样的环境下接受批评，只能产生两种心理：一是抵触心理，态度强硬，拒不接受老师的批评；二是伪装心理，装作全盘接受老师的批评、尽快认错，以早点离开办公室，因为他们如果要保护自己的自尊心和面子，假装妥协是最好的方法。这样的谈话的效果是不佳的，若做到以下几点，效果会好很多。

　　一是布置温馨的谈话环境。

　　温馨的谈话环境并不需要花费太多的精力刻意打造，只要稍微花一点心思就可以做到。我会在办公桌下放一把凳子，在办公桌上放一盘糖果和一次性杯子。每次把犯错误的学生叫到办公室后，我都会请他坐到身边，给他倒上一杯水，再请他拿一颗糖果吃。有了这三个表达尊重之情的细节后，学生心中对老师的防备和芥蒂就消除了，心灵的大门就会敞开，他们其实早就知道自己错在哪里，只不过想要在老师面前维护他们最重要的尊严罢了。有时候，我也会带学生去空无一人的教室或者楼梯和他们交谈。

　　二是学会耐心地倾听。

　　在和学生对话的过程中，老师常常会出现把住话语权不放手的情形，有人把这种现象称作"话语霸权主义"。的确，老师们出于对学生负责任的态度，总是想把道理说透，从正面说到反面、从现在说到未来，有时候都会被自己对学生"苦口婆心"的爱所感动。但是，我们恰恰忘记了我们的教育对象心里到底在想些什么、他们在这件事情上有什么难言的苦衷。每个学生的心中都有一座冰山，我们看到的只是它浮在水面上的一角，即学生的行为，而行为背后的愤怒、伤害、恐惧、悲伤的感受以及被爱、被关注、被认同的渴望，是我们所看不到的。这就需要我们听学生说，让他们把内心最真实的想法说出来。

新华网曾经专门推荐过日本作家黑柳彻子的《窗边的小豆豆》一书，推荐语写道：没有一个父母不爱自己的孩子，没有一个老师不爱自己的学生。关键在于：你的爱是孩子们需要的吗？你的爱是不是扼杀了孩子们的童真？《窗边的小豆豆》引起了无数人的共鸣，在儿童教育的方式上给成人提供了深刻的启示。黑柳彻子在书中讲述了自己在巴学园的经历，深情地回忆了小林校长对自己的关心和理解。特别是小林校长能够耐心听她讲述鸟儿的故事，对她充分尊重。小豆豆的皮夹掉入粪坑后，她为了找到皮夹，把粪坑里的粪水都舀到了外面。小林校长看到后，并没有批评她，而是耐心听她说完这么做的理由。学校举行拔河比赛，为了让全体学生都参加，就让腿有残疾的学生担任裁判，听他喊口令。这样的例子有许多，正是由于对学生的充分尊重，才有了他们刻骨铭心的美好记忆和心灵感受。

三是记得放低声音。

俗话说有理不在声高，疾言厉色的训斥与和风细雨的劝解各有利弊。有的时候，对学生的错误不妨"重锤敲响鼓"；而大部分情况下，声音小到只有老师和学生两个人可以听到时，其承载的关爱和担心的信息就会如和风细雨般渗入学生的心田。就如一则拉封丹寓言中所说，北风和南风比威力，看谁能把行人身上的大衣脱掉。北风先使劲吹，寒冷刺骨，结果行人为了抵御北风的侵袭，把大衣裹得紧紧的。南风则徐徐吹动，顿时风和日丽，行人觉得很暖和，开始解开纽扣，继而脱掉大衣。结果很明显，南风获得了胜利。这则寓言的寓意后来成为社会心理学的一个概念，被称为"南风效应""南风法则"或"温暖法则"等。轻言细语闪耀着尊重的光芒，让学生更易接受。

二、在错误时勇于改过，确立无痕样板

教师不是圣人，也难免犯错。真正的尊重应该建立在平等的地位上，教师有错就改，才会对学生起到良好的示范作用。有的教师担心主动认错会降低自己在学生心目中的威信，这种担心毫无必要。真诚和自省的美德是学生最看重的，主动认错反而会提高教师的威信。

我和学生有个约定，我如果犯错了会自我惩罚，做三件事：一是写一份一千字的说明书，二是给同学们唱一首歌，三是给每个同学送一件小礼物。我犯的错误有可能是早读课迟到了一分钟，也有可能是不小心把手机带进了教室，还有可能是批评学生的时候突然口不择言，说了粗话。这些错误发生之后，我都会第一时间向学生承认错误，并且主动认罚。由于我的示范和榜样作用，学生们在违反了校纪校规后都能够主动认错，接受老师的批评和相应的惩罚。

三、在无助时适当"示弱"，展现无痕智慧

有个说法叫"不甘示弱"，但我认为班主任若能敢于"示弱"、巧于"示弱"，一定会收到意想不到的教育效果。班主任并不总是强者，在教育学生的过程中难免有很多的不足和措手不及之处，有时甚至很无助。面对具有强烈反叛心理的青春期学生时，我们的强硬与他们的逞强碰撞在一起，难免两败俱伤。严重的后果可能是水火不容，这样会使班主任陷于被动并出现僵局。而班主任偶尔显示自己的无助和束手无策，反而能激发学生的责任感和反思精神，让他们成长得更快。

那么，如何学会"示弱"呢？这点大有文章可做，也极富艺术性。"示弱"绝对不是在学生犯了错误后对其包庇或视而不见，那是"软弱"或不负责任的表现，学生会因此不尊重你，你的工作也将更加被动。

记得多年前，我校一名参加工作不久的班主任因为学生特别调皮，自己又缺乏工作策略，导致班级越来越混乱。她感到精疲力竭，在一堂班会课上把内心的委屈和着眼泪一股脑儿倒了出来。声声啜泣和如泣如

诉的话语让学生们深受触动，他们从老师真实的情绪宣泄中感受到了老师的内心世界。在那一刻，他们好像突然长大了。下课后，几个最调皮的男生写来了字条，表示今后会改正。这一招"示弱"被称为"以柔克刚"，尤其适用于女班主任面对男生，因为男生们会认为帮助弱者是男子汉义不容辞的责任。当然，"示弱"策略发挥作用的前提是班主任必须有爱心，注意树立自身良好的师德形象。平时对学生要一视同仁地严要求、讲原则，不厚此薄彼，让学生能够感受到老师是发自内心地关怀他们，才会产生效果。

根据真实故事拍摄的电影《热血教师》中，主人公克拉克为了让学生安静听课，对他们说："如果你们安静听课 15 秒，我就喝一瓶巧克力奶。"后来学生们果真安静听课，他说到做到，每 15 秒便喝一瓶巧克力奶，直至不断呕吐。正是因为他信守诺言，真实展示自己并不强大甚至狼狈不堪的一面，才赢得了学生的认同，使原本全校闻名的乱班成了当地最优秀的集体，学生们后来都取得了优秀的成绩。

这里要注意的是，班主任的"示弱"一定要把握好"度"，切不可滥用，否则会起反作用，违纪学生会更加有恃无恐。

总之，做班主任工作一定要研究青少年心理，在学生因逞强或头脑发热而犯下一些错误时，我们千万不能不顾时间、场合地去批评学生，不能总是在古训的驱使下过分强调自身的"师道尊严"，而忽视学生的尊严。更不能总是摆出一副旧式家长做派，向学生展示自己强硬的管理作风，以此来证明自己的能力和魄力。

让我们记住这句话：老师啊，你的教鞭下有瓦特，你的冷眼里有牛顿，你的讥笑中有爱迪生。时刻尊重学生，把学生作为平等的人来对待，就能取得应有的教育无痕效果。

案例一："成人之美"以后

故事述说：

小悦和泽泽是我班两名比较出色的学生。小悦家境优越，身材修长，长相甜美，有一双会说话的大眼睛，成绩良好，阅读面广。泽泽是班级足球队的队长，高大帅气，性格直爽，阳光开朗。

初二的第二学期，我发现坐在第五排的泽泽上课时魂不守舍，眼睛总是盯着坐在第三排的小悦，目光中充满了柔情。小悦呢，那段时间马尾辫上的发圈一天一换，有时是一对鲜红的小苹果，有时是一朵金色的向日葵，还经常回头与泽泽对视，两人的表情很耐人寻味。

我觉得这两个学生一定"有戏"，就偷偷问了小悦的闺蜜，她笑而不语。我又打电话给泽泽的妈妈，询问近一段时间孩子在家的动向。她告诉我，儿子一回家就要拿手机，在手机上聊天时间比以前长，还时常听到他开心的笑声。这个周日，儿子向她要了五十元钱，也不说干什么用，花得一分不剩。有人告诉他，看见泽泽和一个高个子女孩在奶茶店吃甜品，两人手拉着手，很亲近的样子。种种迹象表明，小悦和泽泽"对上了眼"，开始亲密交往了。

期中考试，两个人的成绩退步了，小悦的退步尤其明显。我觉得到了该我介入的时候了，可是怎么介入呢？找他们俩谈话劝导吗？当时我正好在看一篇关于婚姻的文章，其中有一句戏语：男女因误解而结合，因了解而分手。那么，小悦和泽泽会不会也因为彻底了解了对方的缺点而主动分手呢？我产生了一个大胆的想法：让他们成为同桌，"成人之美"。如果把他们的"地下恋情"转移到阳光下，会产生怎样的变化呢？

我把两个人叫到了办公室，直言不讳地告诉了他们我掌握的情况，也肯定了少男少女的美好情感，并提出了让他们成为同桌的建议。他们两个又惊讶又害羞，但看得出来更多的是兴奋。我随即"约法三章"：一是不产生不当的肢体接触，二是不可以单独出去约会，三是两个人的成绩只能稳定或上升而不能下降。如果违反三条中的任意一条，两个人的座位就回归原位。对前两条，他们没有意见；对第三条，他们觉得不能保证。经过我的分析和鼓励，最后两个人点头表示同意。

刚好班级里有几对同桌废话比较多，需要调整座位，我就乘机把他俩安排在第三排，开始留意两个人的表现。起初，两个人上课都很认真，下课都不出去玩耍，坐在座位上有说有笑，脸上洋溢着幸福，俨然一对小情侣。慢慢，两个人好像没有那么亲近了。

半个月以后，小悦先跑来和我说希望换座位，原因是泽泽懒惰粗鲁，请他帮忙时总是推托，还不讲卫生、不爱洗脚，身上总有一股汗臭味。我问泽泽怎么回事，泽泽委屈地说，没想到小悦是这样刁钻、爱挑别的女孩，总是"差遣"他去小店买面包、买冷饮。一开始他还很勤快，可是每天小悦要"差遣"他好几次，还让他被兄弟们嘲笑，他就懒得去了。而且自己喜欢踢球，运动过后总有汗臭，可是小悦无法接受这种气味，总是嫌弃他。他受不了了，也要求回到自己原来的座位去。

就这样，我"兵不血刃"地结束了这对"小情侣"的"爱情短跑"。

反思悟道：

事后，我一直在想，这真是一着险棋呀。之所以成功，我觉得是它符合了"罗密欧与朱丽叶效应"：当出现干扰恋爱双方爱情关系的外在力量时，恋爱双方的情感反而会加强，爱情关系也因此更加牢固。心理学上借用莎士比亚的著名悲剧《罗密欧与朱丽叶》，称这种现象为"罗密欧与朱丽叶效应"。同时，它还基于我对两个学生的价值观和个性的判断。小悦的娇气、自私和泽泽的大大咧咧在他们的深入接触中肯定会产生矛盾，而这个年龄的孩子是不懂得怎样去爱的。具体可以从以下三个角度来分析。

从青春期情感的角度分析：青春期孩子对异性产生好感或者爱恋之情是很正常的，但是这种情感的产生更多地源于好奇，越是朦胧的情感越能够引起他们的向往之情。他们看爱情就如同隔着一层窗户纸，迷迷蒙蒙，充满想象。一旦把这层窗户纸捅破了，他们的这种好奇心也就消失了，追求爱情的欲望也会大大降低。这也是小悦和泽泽的"爱情短跑"如此快速地结束的原因之一。

从青春期心智水平的角度分析：这些孩子大都是独生子女，他们从小享受着家庭的关爱，索取得多、奉献得少，不懂得爱的真谛、不懂得爱是一种双向的情感付出，爱意味着牺牲、意味着包容。所以，在两个人的相处中，他们都是以自我为中心，都较多地看到对方的不足，缺乏包容和理解。关于将来在婚姻生活中如何扮演好自己的角色，这也为他们上了生动的一课。

从审美的角度分析：距离产生美。小悦和泽泽原来隔着两张课桌，他们的距离感是可以产生联想和期待的。两个人太接近反而容易看清事实真相，打破头脑中美好的想象。

后续改进：

小悦和泽泽交往过密的问题得到了解决，但是青春期爱的教育却不能懈怠。后来班级中也出现过这样的异性好朋友，如果学生对感情把握有度、知道分寸，学习成绩也不受影响，我会定期提醒他们，鼓励他们成为最好的自己，谈一场朦胧、纯真的"精神恋爱"，争取在成年后追到心仪的那个人。青春的荷尔蒙只要挥洒得有理有节，我是能够包容和理解的。

我还会采用各种集体教育的形式：系列班会课"爱，请等等"引导学生学会珍藏自己的情感，努力发展自我，把爱的种子留在心中，在长大后生根发芽；同桌节引导异性同桌互帮互助、真诚交往；"魅力男女"评选让学生懂得绅士、淑女的标准，学会异性间的互相欣赏；雁行小队活动创设男女同学定期交往的平台，满足他们在青春期交往的需要。一系列活动的开展使得我班学生变得更加阳光、活泼，人际交往更加健康向上。

善疏则通、能导必安，真正的"成人之美"应该是为学生的终身发展奠基。只要智慧疏导、有效施策，我们一定可以"成人之美"。

案例二：五朵金花抽烟记

故事述说：

周一的下午，我正埋头批改作业，小美的妈妈打来电话，说是忘记带家里的钥匙，进不了家门，希望我能让小美把钥匙放到学校的门卫处。我马上放下笔去教室，这节课是体育，全班同学都去操场了，教室里空无一人。

我想到小美的妈妈肯定很着急，如果等小美下课再送钥匙到门卫处，就显得太晚了。反正就是一串钥匙，我先找找看，找不到再说。我开始在小美的书包里翻找。咦，这是什么？一包硬邦邦的东西。掏出一看，居然是一包拆开的香烟。白色的长方形盒子，印着"KENT"的字样，里面还有十五根香烟。这种香烟和我平时看到的香烟不同，特别细长，并没有很重的烟草味，倒是有一股淡淡的薄荷味。可是，不管怎样，这毕竟是香烟呀，而且已经抽了五根。一个女生、一个文娱委员居然抽烟，这太无法让人接受了。

我很想趁送钥匙的机会和小美的妈妈好好谈谈这件事情，也让她好好管管女儿。但是转念一想，小美在学校的表现一向不错，会不会是别的同学搞恶作剧，故意把香烟放到她书包里呢？还是先把事情的原委搞清楚再联系家长吧。我把香烟又放回了原处，按捺住焦虑的心情，装作没事人一样等到下课。

放学了，我把小美叫到办公室，试探着问她最近有没有做一些违反中学生守则的事情。一开始，她装出很无辜的样子，什么都不说。直到我生气地点出"香烟"一词时，她的眼神中才露出一丝恐慌。但是她随即摆出一副无所谓的样子，低声说："又不是我一个人在抽，为什么只批评我一个人？"什么，还有同伙？这还了得，还不快快从实招来！在我的一再追问下，小美终于说出了实情。

原来，昨天是小美的生日，她邀请了四个好闺蜜参加生日聚会。这五个孩子都是班干部，长得都比较漂亮，大家称她们是"五朵金花"。其中，体育委员琪琪是一个性格豪爽的女孩，她送给小美的生日礼物居然是一包香烟。小美一开始怎么也接受不了这样的礼物，后来琪琪告诉她，这根本不算是香烟，里面没有尼古丁，自己读大一的表姐就经常抽，据说可以提神醒脑。琪琪还把表姐抽烟的照片给小美看，小美觉得琪琪的表姐手指夹着烟的样子很高雅，但是她还是不能越过心理障碍，没有把香烟点着。最后琪琪说："你不接受我的生日礼物，就是看不起我。你既然看不起我，我们以后就不要做好朋友了。"听了这番话，小美左右为难。大家看到这种情景，知道想说服琪琪是不可能的，就劝小美接受琪琪的"美意"。同时，她们也愿意陪小美一起尝试一下香烟的滋味。最后，每个人都抽了一支烟，但觉得味道并不好，就没有抽第二支。大家约定，对这件事一定要保密。

说实在的，从前遇到个别男生抽烟的事情，我处理起来比较简单，无非是找学生谈话、通知家长、召开班会教育，学生再不悔改就上报政教处。可是五个女生集体抽烟，而且她们都是班干部，这件事情处理起来就有些棘手了。我该怎么办呢？

反思悟道：

我想，中学生吸烟有多方面的原因。一方面青少年时期是一个自我探索的时期，孩子喜欢冒险，乐于尝试新鲜事物，尤其是那些似乎是成人"专利"的东西，以体会新鲜感和成熟感。另一方面孩子受他人影响，看到一些偶像明星或者好朋友吸烟，觉得很酷，也有一些孩子是不好意思拒绝别人，碍于情面就吸了。

很多中学生抽烟的行为出于好奇，并不稳定，在师长正确的引导下完全可以改变。我想到了自己读小学二年级时一次吸烟的经历。那时候家里很穷，仅有的几块饼干被母亲包得严严实实的，藏在柜子里。而我抵不过诱惑，偷吃了一块。这件事情被妹妹知道了，她一直很想知道父亲抽的烟到底是什么滋味，为什么他每次吞云吐雾时都是一副很享受的样子。妹妹决定让我掩护她，她要偷父亲的烟，尝尝味道。一开始，我坚决不答应。妹妹威胁我，如果我不合作，就要到母亲处告发我偷饼干一事。我想起母亲打人用的鸡毛掸子，害怕了，就答应了妹妹。在父亲熟睡的时候，我们姐妹俩偷来了烟，到厕所里点燃，但是我们都只抽了一口就扔掉了。那种苦涩呛人的滋味，我到现在还记得。至今我也想不通，为什么父亲会对这样的滋味上瘾。

我回忆往事，是想把这几个女生的经历和我自己当初的经历相比。其实，她们和幼年时的我都不是刻意要学习抽烟。和那些经常偷偷摸摸地抽烟的男生不同，她们抽烟纯粹是在特定情境下的权宜之计和好奇心作祟。但这样做也是错误的，是缺乏纪律性的表现，应该好好引导。

后续改进：

我把五个孩子都叫到了办公室，给她们讲了坚持原则的重要性，告诉她们友谊的内涵在于互相帮助、共同进步，而不是迁就和退让。然后，我告诉她们我的两个决定：一是每个人要给自己写一封诚恳的道歉信，对自己缺乏自制力和底线的行为做出深刻的反思。二是这件事情我会替她们保密，既不通知家长，也不报告学校，她们要以实际行动在学习和成长中做得更好。学生们听了都十分感动，原来她们以为老师肯定会通知家长，说不定自己还会挨处分，至少写一份检讨张贴在教室里是逃不了的。没有想到老师居然让她们给自己写一封信，让她们通过自我教育的形式来认清利弊，不再重犯。而且这件事老师还能保守秘密，不让家长知道，令她们无比感恩。

看似很重大的错误，就这样"云淡风轻"地解决了。依靠的策略是爱护和信任，是反思和自我教育。从那以后，这五个孩子对班级工作更加投入，成了我最好的左膀右臂，再也没有发生类似的违纪的事情。

第五节　创新激励的多种载体

一块树根，在农民眼里，它可以劈开晾干了当柴烧，在寒冬里取暖；在植物学家眼里，它是树之根本、生命的起源；而在根雕家眼里，它是上帝的杰作、完美的艺术。同一块树根为何会有如此不同的境遇？那是因为识别它的人、欣赏它的人各有所异。它可能被无情地毁灭、可能被默默地掩埋于尘土之中，但它是一块未经雕琢的璞玉，只要存在，就会有光彩夺目的一天。

教师面对的是学生个体，大多数学生个体就如同一块树根。在不同的教师眼中，学生个体的形象也往往不尽相同：或是"奇丑无比"，无法雕琢；或是普普通通，不具有加工品质；或是资质俱佳，是最佳可塑之材。教师的不同评判，会对学生的成长产生不同影响。

这里要介绍一下皮格马利翁效应，其亦称"罗森塔尔效应"，

1968 年由美国心理学家罗森塔尔（Robert Rosenthal）在《课堂中的皮格马利翁》一书中提出，认为教师对学生的期望会在学生的学习成绩等方面产生效应。如教师对一名学生寄予很大期望，经过一段时间后，他的学习成绩会比其他学生有明显提高。可见，美好的期待、用心的激励可以让学生发现更好的自己。

一、激励要因人而异，常新常鲜

当我们明白了激励的作用和价值后，就要动脑筋想一想学生最想受到的激励的方式是什么。应该改变过去的奖励一个笔记本、一支笔的陈旧方式，通过有创意的新颖方式让学生感到耳目一新，使他们对下一次的奖励充满渴望。我曾经借鉴一些优秀教师的做法，给予学生不同形式的奖励，收到了很好的效果。

1. 坐在我的座位上写作业，感受班主任的鼓励

我在教室里放了一套桌椅，用于讲课和课间批改作业。桌子和学生的普通课桌一样，只是桌面包了一块有小碎花的布；椅子和学生坐的椅子不同，靠背是加了海绵的。因为是班主任专用的，这套桌椅有了不一样的意义。由值日班长每天选出一名在昨天的值日中最认真的学生，邀请他坐在班主任的座位上，桌上放着牌子，写着"辛苦了"。这样的奖励想要传递给学生的信息是：老师看到了你的努力，非常感谢你！

2. 给学生发喜报，培养荣誉感

喜报和学校发的奖状一样具有表彰、激励的功能，但更加新颖、活泼。喜报发放的时间可以更加灵活、激励的项目和内容可以更加多元，能够让更多的学生获得各方面的肯定。班主任可以根据学生的年龄特点设计不同样式的喜报，在学生取得微小进步的时候及时奖励，比如节目得奖、成绩提高、坚持跑步、好人好事、值日认真等。初中阶段，很多学生会得到各种喜报，他们非常珍惜，都把喜报张贴在家里最显眼的地方。有的学生乔迁新居时，第一件事就是把喜报安全转移到新房子里。一张张图文并茂的喜报见证着学生成长的足迹，也成为一个家庭的

荣耀。

3. 当着学生的面给家长打表扬电话，分享进步的快乐

很多老师给家长打电话往往是因为学生犯了错误、要向家长告状，所以家长接到老师的电话时往往会比较紧张。我们应该换一种思路，把告状改为多表扬学生的进步。给家长打表扬电话的时候一定要当着学生的面，他们会非常自豪。和通过家长转述相比，这样做的效果会好很多。打电话报喜看似简单，其实蕴藏着很大的学问。

4. 减少作业量，享受努力而获得的特殊权利

在所有的奖励中，学生最喜欢的莫过于减少作业量了。减少作业量意味着学生有更多可自由支配的时间，可以玩，可以阅读，也可以提早入睡。偶尔减少作业量并不会影响学生的成绩，反而能够让学生张弛有度。记得班级获得了年级越野长跑赛的第一名时，我免去了全班同学当天的语文作业。他们欢欣雀跃，为自己在越野长跑赛中的付出而自豪，也为老师的巧妙奖励而感恩。

5. 满足学生活动的需要，享受自主选择的快乐

同学们对举行班级活动的意见经常不统一，我们有时候采用少数服从多数的方案，有时候则让那些表现优秀或进步的同学来决定并尊重他们的意见，让同学们明白"有作为才会有地位"的含义。

二、投其所好，给学生最喜欢的奖品

发给学生的奖品要精心挑选、富有深意，既实用又有纪念意义。这就需要奖品富有个性、别出心裁。个性的凸显可以用学生的名字、照片来体现。

新学期开始，我在网上给学生定制红罐可乐，可乐罐上刻着学生的名字以及我的祝福语；期中考试结束后，我给学生发的笔记本封面上印着国内外名校照片和校名，希望学生今后能够进入这样的大学深造；写作比赛结束后，我给表现优秀的学生发了奖状造型的小抱枕；运动会结束后，我定制了刻有"功臣"名字的玻璃大拇指；中考到来之际，我给学

生挑选了印着"连中三元"字样的考试用笔、用椰子壳做的刻有学生名字和鼓励话语的钥匙环等。

这些奖品完全不同于传统的纸笔之类，令人耳目一新，让学生体会到教师的巧妙用心，从而激发他们的班级荣誉感和责任感，更好地找到班级的归属感。

三、要激励学业，更要激励心灵的成长

老师奖励学生往往是因为学生取得了好成绩或者得了奖，很少有老师会关注学生是否愉快。我的班级有几个学生各方面表现都很不错，可是他们很少有笑脸，总是心事重重的样子。看得出来，他们对成绩过于看重，显得有些焦虑。对这样的孩子，班主任不仅要做好心理疏导，还要想办法让他们开朗起来，把期待告诉他们，时常给他们温暖的激励。

我会准备几本好看的便利贴，有花朵型、笑脸型、星星型等。当批改好这几个学生的作业后，我会在作业本上贴一张笑脸贴纸，并在上面写下各种话，如"老师很高兴批阅到这么完美的作业，但我更希望看到你每天灿烂的笑脸""真正的成长是笑对一切困难""当你露出八颗牙齿时，你会更漂亮"等。这些话语更关注学生的精神层面的快乐，让他们获得尊重和期待，变得更加自信、开朗。

家校联系本、学生的随笔本都是很好的激励载体。我会在随笔本上每天为学生写一两句话，或表扬专心听课，或点赞发言精彩，或感谢认真打扫。这样的只言片语就能把学生一天里细小的进步都及时地记录下来。当然，除了激励还可以委婉地指出学生存在的不足，不至于让问题像滚雪球那样越来越大。这大概就是"一棵树摇动另一棵树，一朵云推动另一朵云，一个灵魂唤醒另一个灵魂"的美好境界吧。

我不禁又想起了《如果》这首诗：

如果孩子生活在接受之中，他就学会了努力。

如果孩子生活在认可之中，他就学会了感激。

如果孩子生活在鼓励之中，他就学会了自信。

如果孩子生活在表扬之中，他就学会了进取。

请不要吝啬你的赞美、不要收起你的微笑、不要放弃你的欣赏，慷慨地对学生说"你真行"、灿烂地对学生展露真诚的笑脸、执着地坚信学生终会长成参天大树。让激励这个加油站为学生的前进而时刻开放着。

案例：难忘的两次鞠躬

故事述说：

几年前，我的班里来了一个叫小米的男孩，他小学四门功课的毕业成绩总分不到 120 分。上课时，小米像霜打的茄子，总是趴在桌上。一下课，他就像一只小猴子，蹦来蹦去，到处捉弄别人，引起了班级公愤。我对小米的表现很不满，同时也想到孩子的表现与父母的教育是脱不了干系的。我决定去会会小米的家长，看看到底是怎样的家长养出了这个"捣蛋鬼"。

我来到小米家，他的妈妈已经在门口恭候，看得出来，她对我的家访感到既惊喜又紧张。进屋后，小米妈妈给我倒水，我一看，是一杯西洋参茶——与其说是一杯茶，不如说是一杯打湿了的西洋参片，她往杯子里装了大半杯西洋参片。这茶显然是不能喝了，但是我从这个细节中看出了小米妈妈对我的那份敬重和期待，让我觉得自己带着兴师问罪的心态来家访很不应该。

小米妈妈告诉我，以前家里经济条件很差，她和丈夫每天起早贪黑做小生意，能照顾孩子的时间少。再加上他们读书少，怕耽误孩子，就把孩子寄养在别人家里。儿子总共在五户人家寄养过，直到再也没有家庭愿意他被寄养。孩子变成今天的样子，她也十分后悔。说着说着，她的眼泪涌出了眼眶。我突然产生一种悲悯的情感，试着去理解她的痛苦。他们想改变贫穷，也想让孩子在有学问的人家得到培养，出发点没错，但是采用的手段是错误的。他们不懂得，父母高质量的陪伴才是孩子的成长中最需要的。

我既想责备小米妈妈，又对她充满同情。我对她说："小米既然分到了我的班，这是我们师生的缘分。你放心吧，我们一定会尽全力教育你的孩子，至少不会让他走弯路，一定会让他比原来有进步。"听了我的这句话，小米妈妈突然站了起来，双手合十，哽咽着说："老师，谢谢您，谢谢您！"然后她深深地给我鞠了一躬。我非常惊讶，也觉得承受不起。我只是说了该说的话，但是在她看来，就是递给了她一根救命稻草。这根救命稻草能够给他们一家人带来未来的幸福。

反思悟道：

看着小米妈妈深深鞠躬的样子，我既感到责任重大，也为自己居高临下的态度感到惭愧。惭愧的是自己忘记了"善待每一个学生"的教育初心。习近平总书记曾说，一个人遇到好老师是人生的幸运，一个学校拥有好老师是学校的光荣，一个民族源源不断涌现出一批又一批好老师则是民族的希望。教师不可能总是遇到品学兼优的好学生，那么，我们挽救一个后进生，改变他的精神品质，让他从一个颓废顽劣之人变成一个正气上进之人，又何尝不是"救命"、何尝不是造福一个家庭呢？

后续改进：

这之后，我把很多的精力都用到了小米的身上：为了提升他学习的信心，我再忙也要每天和他沟通交流一次，每天放学后留下他辅导当天的作业，并给他安排了一个热情、善良的同桌，让他遇到难题就有人帮忙；为了使他获得学习的成就感，课堂上我让他做小老师，带领同学朗读词语；比赛时，我让他担任小评委；为了让他学会自律，我和他一起制作了三张不同颜色的警示牌，让同桌监督，他自己每天记录、反思；为了让他学会交往，每期的雁行小队活动，我都尽量去他的小队指导，让他体会到老师和同学的温暖、学到为人处世的道理。小米的行为习惯慢慢开始转变，成绩也有了提高。到初三的时候，他已经变成了一个懂事、勤快的小伙子。

中考前夕，我利用晚上的时间对学生逐一家访。在小米家，我给了他很多表扬，由衷地肯定了他的进步。家访结束后，小米执意不让妈妈送我，而是坚持自己送我，把我一直送出小区。站在小区门口，他突然叫了我一声："老师，谢谢您！"我定住了，月光下，这个瘦长的男孩正深深地给我鞠躬，好像要把整个头都低到地上去。我突然有一种想哭的感觉：我只是做了一名教师应该做的事情，却让他如此感恩。我深深地觉得，教师对学生说的每一句话、做的每一件事都会对学生的一辈子甚至一个家庭的未来产生巨大的影响。

这两次鞠躬时常提醒我：不要辜负期望、不要忘记初心，要牢记自己当初的誓言。我们生逢最好的时代，唯有坚守初心、潜心育人，才能无愧于这个伟大的时代、无愧于党和人民的重托。

第六节　改变评语的价值导向

评语是对学生在德智体美劳各方面的综合评价。有些班主任认为评语的价值就是客观评价学生的表现，给学生一面镜子，让他们看清楚自己，以便下一步能改变自我。这种认识是偏颇的。其实，评语的最大功能是发现、是信任、是期待。评语要发挥育人的功能，不仅要客观评价、条理清晰、言简意赅，让学生知道自己的优缺点以及今后努力的方向，还应该具有有的放矢、言辞恳切、感情真挚、文笔优美等特点，评如其人、评中寄情、评中显美，做到"生花妙笔写评语，发现期待巧育人"。

一、评如其人善发现

镜子能够客观地照出一个人的样子，班主任在撰写评语的时候要客观地看到学生的进步和不足，不戴着有色眼镜看待学生。教师要做到评如其人，需要有敏锐的观察能力和较强的文字表达能力，对学生有充分的了解。

1. 发展性评价助力后进生进步

不可否认，有些教师还存在着把对人的培养异化为对分的培养的问题，在育人理念上依然存在"分数至上"的错误思想。这种思想流露在评语中，就会用较多的笔墨评价学生的学习情况，而忽视学生在为人处世、修身养性等方面的表现。所以，应该从学习态度、日常行为、沟通技能、团队精神、兴趣和天赋、参与的积极性、社会技能、时间管理等多方面来评价学生。特别是对不是那么优秀的学生，除了全面科学评价之外，更要以发展的眼光看待他们，多进行发展性评价。

班里的不是那么优秀的学生小凡由于学习基础差、方法不得当，成绩提升不明显，但是学习态度比较认真。我为他写的评语是："小凡，在学习的路上，你经常跌倒，但是你一次次爬起来去迎接新的挑战。老师欣喜地看到：课上，你的眼神开始聚焦到黑板上；课间，你的嬉笑怒骂背后多了克制；课后，你阅读的书籍更具思想性。在你的努力下，字写得越来越端正，背诵的速度越来越快，忘交作业的现象也越来越少。孩子，时间不能倒流，希望你每天做最好的自己。只要敢唱，不成曲调也是歌；只要拼过，青春路上就无悔。"

小凡告诉我，他看到评语后十分感动，觉得自己对不起老师的信任，在今后的学习生活中绝对不能给老师丢脸，一定会争气。事实上，小凡在行动中也是这么做的，他的进步让老师们刮目相看。班主任只有以发展的眼光看待学生的表现、以正确的育人理念评价学生，才能使评语的功能得以较好地发挥。

2. 同伴评价增加客观性

古诗云：不识庐山真面目，只缘身在此山中。每个人都有看不清自己的时候，需要借助同伴的力量。学生们每天朝夕相处，相互之间的了解更胜于班主任。班主任可以让大家互写评语并进行筛选，用到自己的评语中。引用学生的评语，一方面可以更加客观地多角度评价学生，另一方面可以使评语的文风更加活泼多变，学生也更喜欢。

我对我们班的小璟的评语就引用了组员对她的评价：小璟，你知道你的小伙伴们是怎样评价你的吗？子恒说，你是一个学习上用功的女孩，在生活上是个用心的"女汉子"，谦逊的性格让你成了我的偶像；小帆说，你是一个近乎完美的女孩，学习时一丝不苟，帮人时全力以赴，你积极进取、勇于拼搏的精神影响着每个组员，尤其对我影响巨大。小璟，你可爱的小伙伴们还对你提出了殷切的希望呢。晓萱说，璟姐姐，在平时还是要活泼一点，不要一直写作业，下课多出去放松；思琦说，我知道你也是个很爱玩的人，那就把自己"狂野"的心在大家面前彻底释放出来，做最真实的自己。

可以看出，小伙伴们对小璟的评价是相当高的，在学习生活等多方面不吝赞美之辞，对她的不足之处也提出了具体的希望，语言风趣幽默、情感真挚。这样的评语为学生所喜爱，符合学生的年龄和心理特点，增强了客观性和生动性。

二、评中寄情寄信任

评语在内容上要重视对学生的修养、意志、情操等的评价，在形式上尽量散文化，表意委婉，不应该用"该生""他"等词，尽量采用第二人称，语气上深情、亲昵、轻柔、舒缓，要充满情感，使学生感到好像在谈心。教师要做到评中寄情、让学生感受到信任，就要从细节入手，并适当展开想象，让评语更有内涵。

1. 凸显细节，融入情感

评语的撰写要摒弃空洞、生硬的概括句，就不能离开学生具体的表现，要抓住学生表现的最感人或最生动的细节，真实、具体地描写。我们知道，细节是最易被忽略的，它虽然细小，但是能影响全局。抓住了细节，评语中的人物才能活起来，评语才能富有感情。

如我写给小昂的评语：小昂，你有一双会说话的眼睛。课堂上，你的眼睛充满智慧的光芒，那个"《我的叔叔于勒》真的只是为了揭露资本主义社会赤裸裸的金钱关系吗"的提问至今让老师难忘；对待弱势学生，你的眼睛展现出无限的关爱之心，你广撒爱心，开学初为贫困生捐款，你捐出了自己积攒了一年的三百元零用钱；对待不平之举，你的眼睛喷出义愤之火，你敢于挺身而出，阻止个别初三学生对班级同学的敲诈行为。眼神传达着你的心声、标示着你的爱憎，这就是智慧的你、博爱的你、正直的你。

这段评语中有三个细节，分别是课堂提问、捐出零用钱、阻止敲诈，展现了小昂爱思考、有爱心、有正义感的好品质，使得人物的品德能够鲜活地展现出来。这样的评语会唤起学生对过往的美好回忆，使学生获得满满的成就感，能够引导学生在今后努力成为更好的自己。

2. 展开联想，强化情感

情感活动容易诱发人的想象，而想象则是感情发生和发展的内容源泉之一。评语的后半部分往往要提出希望，如果只是笼统地提一些要求，语言干巴而老套、缺少情感，就无法激发学生力争上游的精神。评语可以通过展开联想强化情感，将抽象的内容用形象的语言表述出来，那会非常生动。

我曾经为胆子小、不爱发言的小文写过这样的评语："小文，相信通过持之以恒的锻炼，你会练就一身的胆识和流畅自如的表达才能。古希腊演说家德谟克利特的完美蜕变是你最好的榜样。若干年后，你可能成为一名政府部门发言人，在聚光灯下大方地表达着自己的观点，引得采访的记者频频点头；你也可能成为一名教师，用精彩的讲课赢得学生的敬爱；你还可能成为一名记者，在突发状况下从一线发来实况介绍。老师期待那天的到来。"

这样的联想给学生设定了美好的未来、提供了良好的心理暗示，让他对自己充满了信心，也让他感受到了教师对他真挚的希望。

三、评中显美巧期待

学生都喜欢有创意的表达，他们对评语的喜爱不仅仅出于教师客观的评价和寄托的感情，还在于评语的与众不同。独特的语言表达方式能让学生投入阅读、反复品味。当然，这样的表达要根据年龄特点，要以学生的喜好为出发点。我曾经尝试过如下的形式，取得了良好的效果。

1. 融名于诗

每个学生的名字都是父母反复斟酌的，大有深意。通过研究学生名字的含义来创作评语，让学生不仅可以认识到名字的含义，也能更加体会到父母的良苦用心。在撰写评语的时候，如果能用学生的名字写成藏头诗，以这样的形式解读名字的含义，肯定会受到学生的欢迎。

比如，以下是我给四名学生写的评语：

娄孔耀：娄家儿子才气高，孔孟之道皆知晓。耀眼人生靠打拼，师长教诲谨记牢。

李书帆：李家有儿初长成，书海拼击不畏难。帆正风顺向彼岸，大气担当受人赞。

刘蕴琦：刘家姑娘众人夸，蕴哲清秀勇登攀。琦瑞开朗热心肠，集体有你更温暖。

何晓萱：何其温婉小美女，晓得为学大智慧。萱草花开报母恩，捷报频传令人醉。

2. 花语入评语

为了让评语更加优美新奇，还可以把花语引入评语中，比如向日葵象征阳光、蔷薇象征自信而善良、芝兰象征正气清远、百合象征团结友好、牡丹象征王者风范、梅花象征刻苦坚贞、雏菊象征朴素低调等。把学生的品德和花语对应起来，对学生的评价就会更加有文学内涵。

比如，我给小兰的评语开头是这样的：小兰，你像生长于深山幽谷之中的兰花，清香淡雅，高洁怡情，默默地、淡淡地散发着自己的芬芳。作为英语课代表，你每天捧着厚厚的本子来往于教室和办公室多趟，从不喊累；同桌发烧，你又是递体温计，又是递温开水，细心无比。对个别女生的无端挑衅，你一笑而过，化纠纷于无形。你有兰花的质朴，更有兰花的脱俗，名如其人，老师为你骄傲！

再比如，我写给小萱的评语是这样的：萱草，在我国一向有"母亲花"的美称。早在几千年前，我们的先人就用萱草表达慰藉母亲的心意。你真的是名如其人，你的孝顺懂事堪称班级榜样，大家都要向你学习！萱草也叫作忘忧草，老师希望你放轻松一些，开心愉快地学习，做一个无忧无虑的你。

3. 偶像品质入评语

如果能够巧妙地把学生崇拜的偶像的故事引入评语中，一定会大受学生欢迎。比如，有的学生崇拜袁隆平、黄大年等科学家，有的学生崇拜姚明、科比等球星，还有的学生崇拜路飞、柯南等动漫人物。偶像身上充满了鲜明的个性和正义感，可以在评语中提炼，并希望学生向他们学习。

我给小娄的部分评语是：老师知道你最崇拜的人是袁隆平爷爷，他刻苦钻研、敢为人先的精神深深打动了你。我希望你能用实际行动来"追星"，在学习的道路上持之以恒、充满好奇，直到到达自己理想的彼岸。

当我得知小勇最喜欢看《名侦探柯南》时，就在给他的评语中这样写道："小勇，你和柯南有很多相似之处，敏锐、沉着、自信，好奇心强，都有不畏艰难的追求精神，就算曾经遇到伤害，也坚信并保持最善良的人性，有强大内心。老师要向你学习！求学路上，柯南相伴，正能量满满。愿你破解一路的谜团，充满智慧，拥有出彩人生。"

总之，评语具有独特的育人功能。班主任应该用心撰写评语，使其做到：评如其人，发现学生的长处；评中寄情，期待学生的未来；评中显美，助力学生的成长。用生花妙笔为学生描绘成长蓝图，用爱心智慧培育学生成才。

后 记

HOUJI

　　我生活在祖国最东端的一个小岛上。作为一个渔家子弟，我深切地体会到渔家百姓想培养孩子成才的愿望。我的内心一直有一个信念：当好"孩子王"，做海岛学生的好老师。可能是天性使然，也可能是命中注定，我天生喜欢孩子、喜欢当班主任。当别的老师在开学初为是否当班主任而纠结的时候，我已做好了各项准备工作。于是，我 32 年的工作就在班主任的岗位上充实地度过了。

　　我一直想写一本书，这个念头产生于十多年前。多年的班主任工作中，虽然也有生气埋怨、火急火燎的时候，但更多的是淡定和从容，以及和学生共同成长的体会和经验。每当看到年轻班主任在处理班级问题时束手无策或者急火攻心的样子，我就非常想把自己的做法告诉他们，写一本书或许对他们有帮助。再加上省里开始评选德育特级教师，如果能有拿得出手的学术成果去参评，岂不一举两得？但我还没来得及完整构思好，参评的日子就到了。我着急忙慌地整理了那些年发表的论文，侥幸评上了，于是写一本书的想法就暂时搁下了。

　　夜深人静的时候，我常常问自己：这辈子在事业上最大的遗憾是什么？答案总是一样的：没有整理自己的思想，没有梳理对一线班主任可能有用的经验，没有留下比较系统的思考。总而言之，事业的历程和其中的思考没有通过文字记录固化下来。

　　着急归着急，我依旧只是想得多，还是没有下定决心写。各级领导对我非常关心，市县的领导多次来看望我，希望我能多梳理自己的经验，把它们传递给更多的老师。每次我都一口答应，当时也是准备"撸起袖子开工了"，可是惰性和繁忙还是让我一拖再拖、一再食言，心中留下的是无限的汗颜和内疚。

时光飞逝，转眼 2018 年到来了，我即将进入五十岁，人生的路已经走过大半。我每天对自己说：你快五十岁了，不要给自己的人生留遗憾了，赶紧写吧，就把书稿作为送给自己的五十岁生日礼物吧，再没有什么比这份礼物更有意义了。但是书稿怎么写？是写学生转变的个案呢，还是写班级管理的经验呢？框架怎么搭建呢？就这么思考着、彷徨着，时间到了那年的 5 月，我有幸参加"国培计划"中小学名师领航工程的学习，更有幸加入北京市海淀区教师进修学校培养基地。罗滨校长领衔的豪华导师团队给了我们十二位学员，从理论到学科、实践的全方位的精心指导，使我的思路逐渐清晰，开始了写作的历程。我对他们充满了感激。

我的教育发展导师是莫景祺教授，他是教育部基础教育课程教材发展中心副主任，不管工作多忙，对我的指导工作从不懈怠。他多次鼓励我，作为一线教师，应该有很多鲜活的案例，可以从案例写起，慢慢就会整理出书稿的框架来。莫教授的点拨给了我写作的信心。他还亲自来我们学校指导工作，亲切朴实的作风、既高屋建瓴又很接地气的建议给我们学校的发展提供了很多启发。

我的学科教育导师是谢春风博士，他是北京教育科学研究院德育研究中心主任，一个对中国传统文化继承得非常好的谦谦君子，一个把立德树人研究工作作为毕生追求的教育者。他总是那么谦和低调，无私地让我分享德育研究的成果。他曾说：范老师，你能得到这么多的荣誉，一定要回报党的培养之恩，多多总结和传播经验来回报各级教育部门和当地政府的关心和厚爱。他的鼓励增强了我创作的使命感和责任感。在书稿的框架搭建、体例选用、理论引用等方面，他也给予了具体的指导，使得书稿在撰写中有了清晰的逻辑框架。

　　我的教育实践导师是申军红，她是北京市海淀区教师进修学校的常务副校长，一个在事业上兢兢业业的"拼命三娘"。多年来，她带领的团队一直在做"绿色成长"学科德育的项目，并且取得了很大的成效。她多次认真指导我，从理论上帮助我总结经验，并且多次代我向专家求教，为生生相长的育人模式确定方向。我把初稿发给她后，她在百忙中审阅，给出了许多建设性的意见。

　　书稿的部分内容还得到了北京师范大学檀传宝教授的悉心指导，作为一个知名的德育专家，能给一个来自海岛的教师作如此深入、耐心的指导，真令我万分感动。"中国好教师"项目执行人吴洪健博士、首都师范大学张景斌教授、原北京开放大学校长张铁道研究员、北京师范大学李琼教授，以及我的跟岗实践导师人大附中王晓楠副书记与刘秀清老师、北京市玉渊潭中学原校长高淑英老师、北京育英学校郝杰老师等，也都对我的德育工作和书稿的内容提出了好的建议，在此衷心感谢！

　　当然，一个普普通通的海岛班主任能够得到这么多专家的指导和帮助，最要感谢的是党和政府对基础教育、农村教育的高度重视与对农村教师的大力扶植。我为自己能生活在这样一个伟大的时代而自豪，也为自己能工作在浙江的这个海岛而幸福。我的成长中凝聚了太多人的关爱、寄托了太多人的厚望，借这篇后记一并表示衷心感谢！

　　书稿作为经验的积累，肯定存在许多不足，冠以"育人密码"可能也存在不妥之处，经验也只是一家之言。如有不当，敬请各位读者批评指正。